Romano Guardini

Briefe über Selbstbildung

Bearbeitet von Ingeborg Klimmer

Topos-Taschenbücher

CIP-Kurztitelaufnahme der Deutschen Bibliothek

Guardini, Romano:
Briefe über Selbstbildung / Romano Guardini.
Bearb. von Ingeborg Klimmer. – 13. Aufl.,
(88. – 91. Tsd.) Nachdr. d. 12. Aufl., Mainz 1978
– Mainz: Matthias-Grünewald-Verlag, 1985.
(Topos-Taschenbücher; 146)
ISBN 3-7867-1150-X
NE: Klimmer, Ingeborg [Bearb.]; GT; Guardini, Romano: [Sammlung]

1985. Matthias-Grünewald-Verlag, Mainz
14. Auflage 1986 (92.–94. Tausend)

Reihengestaltung: Eschert und Bänder
Druck und Bindung: Ebner Ulm

Erster Brief

VON DER FREUDIGKEIT DES HERZENS

Wir wollen trachten, daß unser Herz froh werde. Nicht lustig, das ist etwas ganz anderes. Lustig sein ist äußerlich, macht Lärm und verfliegt rasch wieder. Die Freudigkeit aber lebt drinnen, still, und wurzelt tief. Sie ist die Schwester des Ernstes; wo sie ist, da ist auch er.

Nun gibt es freilich eine Freudigkeit, über die hat man keine Gewalt. Jene Freude, die über einen kommt, groß, tief, von der die Heilige Schrift sagt, sie sei wie ein Strom; oder jene lachende Fröhlichkeit, die alles verwandelt, daß die Welt im Licht steht — die kommt und geht, wie sie will. Man kann sie nur empfangen, wenn sie kommt, und ihrer ledig stehen, wenn sie gegangen ist. Jene Freudigkeit, die aus der Kraft und Zuversicht jungen Lebens stammt; oder gar jene andere, seltene, die bei auserwählten Menschen aus der inneren Klarheit ihres Wesens leuchtet — über die hat man keine Gewalt. Sie ist da oder ist nicht da. Doch auch für sie ist es eine Frage, ob man sie hütet oder vergeudet.

Hier soll aber von einer Freudigkeit die Rede sein, der man die Wege bahnen kann. Die jeder haben kann, ganz gleich, welcher Sinnesart er sei. Sie soll auch unabhängig sein von guten und schlimmen Stunden, von kräftigen oder müden Tagen. Wie man der den Weg frei macht, darüber wollen wir hier nachdenken. Sie kommt nicht vom Geld, von behaglichem Leben oder daher, daß die Leute einen ehren, wenn auch das alles Einfluß auf sie haben mag. Sie kommt vielmehr aus den edlen Dingen: Aus einer tüchtigen Arbeit; einem gütigen Wort, das man gehört hat oder selbst hat sprechen dürfen; wenn man tapfer gegen irgendeinen

Fehler gestritten oder klare Einsicht in eine wichtige Sache gewonnen hat.

Und auch das ist noch nicht die rechte Quelle der Freudigkeit. Die liegt noch tiefer, nämlich im Herzen selbst, in seinem allertiefsten Innern. Dort wohnt Gott, und Gott selbst ist die Quelle der wahren Freudigkeit. Die macht uns innerlich weit und hell. Macht uns reich, stark, unabhängig von den äußeren Ereignissen. Was uns äußerlich zustößt, kann uns nichts mehr anhaben, wenn wir innerlich froh sind. Wer freudig ist, hat zu allen Dingen den rechten Stand. Was schön ist, sieht er allein in seinem wahren Glanz. Das Schwere und Harte erkennt er als Probe für seine Kraft, faßt es tapfer an und bezwingt es. Er kann den andern Menschen freigebig schenken und wird nicht arm dabei. Er hat aber auch die Herzensoffenheit, um in der richtigen Weise empfangen zu können.

Wenn aber die Freudigkeit von Gott kommt, und er wohnt doch in unserm Herzen — warum fühlen wir sie nicht? Warum sind wir so oft traurig, gedrückt, verdrießlich? Weil die Quelle verschüttet ist, aus der sie fließt.

Wie öffnet man der Freudigkeit den Weg? Wie macht man, daß sie in die Seele einströme? Das ist die Frage. Wir müssen das Innerste in uns mit Gott verbinden. Das mag auf mancherlei Weise geschehen. Man könnte danach streben, innerlich bei Gott heimisch zu werden; sich oft mit ganzer Seele ihm zuwenden und dann in der inneren Stille bei ihm sein. Vielleicht weißt Du noch andere Wege. Ich möchte folgenden vorschlagen, weil es sich auf ihm so besonders gut gehen läßt: Das Innerste ist, wie wir gewillt sind. Da müssen wir mit Gott eins sein, dann kann seine Freudigkeit in uns einströmen. So oft wir aufrichtig zum Herrn sprechen: „Herr, ich will, wie Du willst", ist der Weg für Gottes Freude frei. Und sind wir einmal so weit, daß wir immer so denken, ist unser innerstes Wollen aufrichtig und stets Gott zugewandt, dann sind wir froh, mag es draußen gehen, wie es will. Freilich muß dieses Hinwenden zu Gott selbst schon etwas an sich haben, was mit der Freudigkeit verwandt ist: Es darf nicht gezwungen sein, nicht ängstlich oder mißtrauisch. Es muß frei und mutig sein. Voll frohen Vertrauens müssen wir sprechen: „Du starker Gott — was Du willst, das will auch ich." So gilt es also darum zu ringen, daß wir ganz mit Gottes Willen einig werden.

Wo aber sehen wir, was Gott will? Dazu brauchen wir keine weitläufigen Überlegungen oder großen Pläne. Wir sehen es in etwas ganz Gewöhnlichem: Im gegenwärtigen Augenblick. Man muß auch zuweilen große Entscheidungen treffen oder weiter ausschauende Pläne machen. Dann ist eben dafür „der Augenblick" da. Wir können also dabei bleiben: Was gerade hier nötig ist, was gerade jetzt meine Pflicht ist, das ist Gottes Wille. Tun wir das, dann führt uns Gott von einer Tat zur anderen. Denn jeder Augenblick mit seiner Pflicht ist ein Bote Gottes. Hören wir auf ihn, dann werden wir reif, die nächste Botschaft recht zu verstehen und zu erfüllen. So vollbringen wir Schritt um Schritt das Werk unseres Lebens. Also: Klar anfassen, was Gott jetzt von mir will. Ihm aus freiem Wesen ein kräftiges „Ja" sagen und nun entschlossen zugreifen. Dann werden wir froh.

Jetzt sind wir so weit, daß wir anfangen können. Im übrigen mußt Du selbst weiter nachdenken. Fassen wir also, was wir gefunden haben, in einem klaren Entschluß zusammen! Öfter am Tage, zum Beispiel vor einer Arbeit oder wenn irgend etwas Neues kommt, wollen wir uns fragen: Was will Gott von mir? Um dies zu erkennen, schauen wir auf das, was gerade vor uns liegt. Wir suchen nicht, was uns paßt oder was wir lieber möchten. Sondern fragen uns ganz ehrlich: Was hab' ich jetzt zu tun? Da müssen wir aber achtgeben und uns nichts vormachen lassen. Vormachen? Von wem? Von uns selbst! Von der Launenhaftigkeit und Flatterhaftigkeit und Trägheit in uns. Ganz unbestechlich müssen wir werden. Ganz klar müssen wir sehen wollen, wie die Sache wirklich steht.

Dann: Das also soll ich jetzt. Ja, Herr, gern! Das letzte Wörtlein entscheidet alles. Auf das kommt es an. Nicht widerwillig; nicht weil es sein muß; nicht lahm und schlaff; sondern gern! Dies Wörtlein muß man aber mit dem Innern sprechen, nicht nur mit den Gedanken oder bloß mit den Lippen. Mit dem Willen muß man es sprechen. Und zwar immer tiefer hinein. Verstehst Du das? Immer tiefer muß es ins Herz hineindringen. Denn inwendig sitzt noch viel Widerwille und wehrt sich dagegen. Den muß man mit dem Wörtchen „Gern" durchdringen. Wo es noch stumpf und träg in uns ist, da muß das Wort wie ein helles, starkes Licht hineinleuchten, immer tiefer, immer gründlicher, bis alles ganz klar vor Gott steht: Herr, ich will. Dann wirst Du froh. So war unser Herr gesinnt. Jesu ganze Seele war lautere, freudige Bereitschaft: „Den Willen meines Vaters tue ich allezeit!" Und dann angefaßt:

Arbeit, Aufgaben, ein Gang, ein Spiel, ein Verzicht, was es auch sei! Glaube nur, wenn Du aus einem solchen „Gern“ herkommst, dann hast Du frohe Kraft, die wird mit allem fertig, unbedingt! Gott ist ja darin! Freilich muß man diese Gesinnung immer wieder erneuern, besonders wenn es einem schwer fällt; wenn der erste Anlauf wieder ins Stocken gerät; wenn etwas dazwischen kommt. Immer wieder: Was gilt es? Gern! Und nun dran!

Wir haben aber auch einen Leib. Den dürfen wir nicht vergessen. Wenn der Mensch niedergeschlagen ist, was tut dann der Leib? Er sinkt in sich zusammen. Wenn er aber freudig ist, richtet er sich auf. Das ist des Leibes Freudigkeit: Die aufrechte Haltung. So soll das weiter die Übung sein: Uns aufrecht zu halten. Den Kopf hoch, die Stirn offen im Licht, die Schultern zurück. Im Gehen frei in den Fußgelenken, im Sitzen nicht unnötig angelehnt. Aber auch innerlich aufrecht, nicht bloß äußerlich. Der Körper will immer wieder in sich zusammensinken; dann drückt er auf sich selbst, und alles wird stumpf und schwer. Deshalb auch innerlich sich aufrichten. Und wenn wir niedergeschlagen sind, dann erst recht! Fest aufgerichtet, äußerlich und innerlich, und dann gefegt in der Seele. Wenn man in ein muffiges Zimmer kommt, so macht man die Fenster auf und die Tür, Luft durch, Licht herein, und dann den Besen genommen und gefegt: Hinaus mit all dem grauen, staubigen Zeug, hinaus, hinaus! Gerade so mach es mit dem Seelenkämmerchen drinnen, bis alles hell und frisch steht! So! Und nun: Was gilt es? Das? Gern! Und tapfer dran!

Und noch eins: Wir wollen auch sorgen, daß wir eine

Freudenquelle in unserem Zimmer haben. Was könnte das sein? Etwa eine lebende Pflanze. Das macht froh, wenn da etwas so unverdrossen wächst und grünt und blüht. Oder ein fröhliches Bild, eine Landschaft, durch die man einmal gewandert ist. Davon nimm Dir zuweilen ein paar Augen voll: Wie weit das ist! Wie frisch der Wald! Wie klar der Himmel! Wie frei die Höhen — das ist mein; alles mein! Oder ein Lied. Sing Dir das! Dann wird es hell in Dir. Oder ein schönes Gedicht. Das tut wie ein frischer Trank auf langer, staubiger Fahrt. Und dann wieder ans Werk!

Jetzt noch einen Blick auf die großen Feinde der Freudigkeit. Der Schmerz gehört nicht dazu. Der macht stark und tief. Macht auch erst richtiger Freude fähig. Den laß nur ruhig ins Herz hinein. Wir reden ein andermal von ihm. Aber zwei sind es, die muß man ausrotten: Verdrießlichkeit und Schwermut. Die Verdrießlichkeit kommt aus den kleinen Unannehmlichkeiten des Tages. Aus einem empfindlichen Herzen, das immer übel nimmt, immer wehleidig ist, das nicht lachen kann, nicht verzeihen, nicht fünfe grade sein lassen. Hinaus mit der! Ist Ungeziefer in der Seele. Man muß es hinausfegen, und zwar gleich am Anfang, sobald es sich zeigt, sofort! Das andere ist die Schwermut. Eine düstere Gewalt, die einem die Seele zerrüttet, wenn man sie aufkommen läßt. Aber man kann ihrer Herr werden, glaub es! Man kann! Doch unter einer Bedingung: Sobald sie sich zeigt, sofort dagegen an, so, wie wir es soeben bedacht haben. Aber sofort, und nicht mit ihr gespielt! Hat sie sich erst einmal drinnen breit gemacht, dann wirst Du sie für den Tag nicht mehr los, und vielleicht sogar für mehrere Tage lang nicht.

Eine kleine Hilfe noch zum Schluß: Am Abend, vor dem Einschlafen, sagen wir uns ruhig und zuversichtlich: Morgen bin ich froh. Wir stellen uns vor, wie es ist, wenn wir freudig, aufgerichtet, frei durch den Tag gehen, arbeiten, spielen, mit den Leuten verkehren: „So bin ich morgen den ganzen Tag!“ Wir sagen es uns mehrmals. Das ist ein schaffender Gedanke, der wirkt die ganze Nacht hindurch in der Seele, lautlos, aber sicher, wie die Wichtelmänner im Märchen. Wir merken es nicht, aber am Morgen ist alles viel blanker, als es sonst gewesen wäre. Und da sagen wir uns das gleiche: Heute bin ich den ganzen Tag froh! Den ganzen Tag mit Dir, Herr, und allezeit freudig! Und so jeden Morgen, jeden Abend, und wir lassen uns durch keinen Mißerfolg abbringen. Ist dann der Tag herum, dann prüfen wir uns: Habe ich mir Mühe gegeben? Wir rechnen mit uns ab und dann fassen wir den frischen Entschluß: Morgen wird es besser!

Nun einiges, darüber magst Du für Dich nachdenken oder es mit anderen besprechen. Es sind nur ganz kurze Andeutungen: Evangelium des heiligen Matthäus 6, 16—18. — Wenn man erkennt, wie wenig man bisher geleistet hat oder wie viel in einem selber nicht stimmt. — Wenn das nicht gelingt, was man tut. — Wenn man zu Hause oder in der Schule oder sonstwo nicht verstanden wird. — Wenn das, was der Augenblick fordert, sehr schwer oder zu schwer ist. — Wenn es einem zuwider ist. — Die Mutlosigkeit. — Krankheit. — Wenn man „an nichts mehr Freude hat“. — Falsche Freuden. — An was man sich noch alles freuen kann. — Die Dankbarkeit gegen die Freudengaben des Augenblicks. — Wie verdirbt man sich eine Freude?

Zweiter Brief

VON DER WAHRHAFTIGKEIT DES WORTES

Im Zeichen der Wahrhaftigkeit steht jede echte und lebendige Jugend. Aus dem Geist der Wahrhaftigkeit ist geboren, was in ihr Großes und Dauerndes wird. Rechten Jugendgeist hat erst der, in dem der ernste, starke und frohe Wille zur Wahrhaftigkeit lebt. Er muß heraus wollen aus allem verlogenen Wesen; echt werden in seinem Empfinden und sich nichts vormachen; muß ringen um ein klares Urteil für das, was natürlich und rein ist; muß einfach werden wollen in seiner Art, aufrichtig gegen Gott und die Menschen und sich selbst. Er muß den Mut haben, den Dingen ins Gesicht zu sehen, und für seine Überzeugung einzustehen.

Aber solche Entschlossenheit, wahr zu sein, ist keine Selbstüberhebung. Sie darf nicht bedeuten, daß man sich selbst durchsetzen will; daß man sich zum Richter über alles macht, alles besser weiß, alles beurteilt und sein eigenes Empfinden und Meinen für unfehlbar erklärt. Das wäre nicht Wahrhaftigkeit, sondern Hochmut. Unsere Wahrhaftigkeit muß Gottesdienst sein. Unser Wahrsein hat den Sinn, daß wir Gott näher kommen. Wir wollen unser Wesen und Leben wahr machen, damit es ihm gemäß werde. Er soll herrschen in allem, was wir tun und sind. Sein Reich soll es werden. Das geschieht durch Wahrhaftigkeit, aber nur, wenn sie demütig ist. Nicht uns selbst dürfen wir in der Wahrhaftigkeit suchen, sondern Gott, denn er ist die Wahrheit. Dann wird unser Leben zum Reiche Gottes. Wenn zum Beispiel einer auf eine Frage ehrlich antwortet: In dem Wort waltet Gott. Wenn jemand einer großen Sache ohne Hintergedanken dient: In dessen Arbeit waltet Gott. Wo zwei sich treue Freundschaft halten: In der Freundschaft waltet Gott. Die Menschen also, die wahr sind und wahr handeln, reden und denken: In denen ist Gottes lebendiges Reich.

Nun sieh, das ist eine herrliche Sendung: Wir sollen dem Gott der Wahrheit Wohnung schaffen in der Menschenwelt. Wir sollen ihm sein Reich ausbreiten, damit er darin wohnen und herrschen könne. Und wie? Wir sollen wirken, daß überall Wahrheit werde. Viel Lüge ist in der Welt, Unechtheit, Unehrlichkeit, Scheinwesen, Heuchelei. Wo die sind, herrscht Gott nicht, denn da ist das Reich der Finsternis. Gegen dieses Reich müssen wir kämpfen, müssen Gottes Lichtreich ausbreiten. Aber wie machen wir das? Nicht so, daß wir Reden gegen das Lügen halten, oder anderen über den Mund fahren, wenn sie es tun. Das hat keinen Zweck. Wir müssen vielmehr sorgen, daß alles wahr sei, was wir selber reden und tun, und wie wir sind. Jedes Wort, das wir sprechen, und jedes Werk, das wir tun, ist dann ein Schwertschlag für Gott. Jedes erobert seinem Reich ein neues Stück Menschenland. Ist das nicht herrlich? Wir oft hat der Heiland von der Wahrheit gesprochen! Von den Menschen, die aus der Wahrheit kommen, und von denen aus der Lüge. Ja, das ist groß, daß wir bestimmt sind, Gottes Kämpfer zu sein, mit jedem Werk sein Reich auszubreiten und es tapfer zu schützen! Alles neu zu machen in Wahrheit, auf daß alles werde Gottes des Wahrhaftigen lebendiges Reich. Und wie froh es einen macht, wenn man das bedenkt! So stark und siegesbewußt! Es ist, als ob einem ein glorreiches Licht in die Seele hineinstrahle und mache alles groß und hell.

Nun wollen wir die rechte Stelle suchen, wo wir am sichersten einen starken Keil in das Reich der Finsternis hineintreiben und seine Macht sprengen können. Sie ist bei den verschiedenen Menschen verschieden. Vielleicht hier: Die Wahrheit sagen! Wie kommt man eigentlich dazu, sie nicht zu sagen? Zum Beispiel aus Furcht. Man hat einen Fehler gemacht und sieht nun Unannehmlichkeiten kommen. Da weicht man aus: man lügt. — Oder: Es wird über etwas gespottet: Witze werden über einen andern gemacht, oder über die Religion, oder sonst etwas. Da fragt einer, und man müßte eigentlich Farbe bekennen. Aber man scheut die spöttischen Mienen ringsum und verleugnet seine Überzeugung. — Auch Eitelkeit kann zum Lügen bringen. Da möchte jemand was gelten, daheim oder bei den Kameraden. Was er nun wirklich ist und kann, reicht aber nicht dafür; die andern würden sagen, das sei nichts Besonderes. So macht er die Sache größer. — Wieder einer ist neidisch und eifersüchtig, da setzt er die andern herunter, die tüchtiger, reicher und stärker sind. — Oder man möchte beim Spiel einen Vorteil haben und dreht dazu die Sache anders, als sie wirklich ist. — Selbst die Treue kann zum Lügen bringen, wenn zum Beispiel ein Freund in Not ist und man glaubt, ihm durch eine Unwahrheit helfen zu sollen. Solche Lügen können ganz grob sein, wenn sie den Kern der Sache entstellen, daß man zum Beispiel sagt: „Ich war es nicht", statt: „Ja, ich war es"; „Ich habe alles fertig", statt „Gar nichts". Können feiner sein, wenn es heißt: „Ich war öfter dort", und es dürfte nur heißen: „Manchmal"; „Ich komme sicher", und es dürfte nur heißen: „Vielleicht". Und ganz fein können Lügen sein, wie ein leiser Hauch, der rasch über einen Wasserspiegel läuft. Es kann an der Art liegen, wie ein Wort gesetzt wird, oder am Ton, oder an der Miene, die einer zu solchen Worten macht. Jedesmal aber hat die Finsternis über das Licht gesiegt! Hier gilt es denn einzusetzen. Wir wollen die Wahrheit sagen; nicht nur im Groben, sondern auch im Feinen. Dann ist jedes Wort ein Sieg für Gott. Leicht ist es nicht, wahrhaftig! Wenn in der Klasse eine Verlegenheit droht; wenn alles rundherum mit großen Augen nach einem schaut; wenn man zu Hause einen unangenehmen Auftritt zu erwarten hat, eine heftige Auseinandersetzung mit Freunden vermeiden möchte, wenn man sieht, daß man mit seiner Überzeugung im Gegensatz zu den anderen steht, dann spürt man, wie stark das Reich der Finsternis ist. Empfindlichkeit, Furcht, Eigennutz, Sorge, Rücksichtnahme, Liebe, Treue, alles kann sich gegen einen verbünden, alles Schlimme und alles Gute, daß man meint, man bringe das Wort nicht über die Lippen. Zwingt man es aber, dann hat man seinem göttlichen Herrn eine weite Gasse durch die Reihe der Feinde gebrochen. Man hat die Wahrheit zu Ehren gebracht und der Gott der Wahrheit kann einziehen.

Doch da kommt noch etwas anderes. Die Wahrheit ist ein Schwert, das man für Gott schwingt. Es kann herrliche Taten vollbringen, kann aber auch zerstören. Der Herr hat einmal ein bedeutungsvolles Wort gesagt: Er mahnt uns, wir sollen „einfältig sein wie die Tauben und klug wie die Schlangen". Was meint er wohl damit? „Einfältig" sollen wir sein. Das heißt: Nicht zwiefältig, nicht doppelzüngig. Unsere Rede soll schlicht und aufrichtig sein. So weit ist es leicht zu verstehen. Er fordert aber auch, wir sollen klug sein. Das bedeutet nicht „listig" oder „schlau". Ja, was heißt das wohl? Ich habe es so verstanden: Das Menschenwort ist etwas Starkes, Scharfes. Wenn wir es sprechen, dann trifft es nicht wider eine kalte Wand oder auf den harten Boden, sondern in ein lebendiges Menschenherz. Dort aber kann es vielerlei wirken. Es kann befreien, aufrichten, froh machen. Es kann auch verwunden und niederschlagen. Denken wir uns, da hätte jemand einen lieben Freund. Nun läßt dieser sich etwas zu schulden kommen. Wenn man jenem nun über seinen Freund kräftig die Meinung sagt, so ist es gewiß glatte, scharfe Wahrheit. Aber was wirkt sie? — Da sagt der Herr: „Sprich die Wahrheit, aber sprich sie klug. Gib acht, wohin sie trifft! Sei besonnen, daß Du damit nicht verletzest! Und je härter das ist, was gesagt werden muß, desto behutsamer mußt Du sein". Ferner: Die Wahrheit ist etwas Kostbares. Manche Wahrheiten sind besonders zart und heilig. Gewisse Menschen haben kein Verständnis dafür. Wenigstens zu bestimmten Stunden nicht, zum Beispiel wenn sie lustig oder wenn sie zornig werden. Sind viele Menschen beisammen, dann haben sie meist auch kein Verständnis für eine feine Wahrheit, denn die Masse macht leicht grob. — Ein inniges Lied paßt nicht, wenn's im starken Schritt die Landstraße vorangeht; und ist alles in übermütiger Stimmung, dann wird keiner ein tiefes Gedicht vorlesen. So gibt es auch vielerlei Gelegenheiten, wo irgendeine schöne Wahrheit nicht am Platze ist. Darum sagt der Herr: „Sprich die Wahrheit, aber zur rechten Zeit. Sprich nicht von ihr, wenn es keinen Zweck hat; oder wenn man sie nicht verstehen würde; oder wenn Du damit mehr schadest als nützest. Auch die Wahrheit hat ihre Zeit und ihren

Ort. Es gibt Gelegenheiten, da muß man schweigen können."

Das also heißt „klug sein". Man soll die Wahrheit dann sprechen, wenn sie am Platze ist. Dazu darf man mit der Wahrheit nicht ins Blaue hinausschlagen, sondern muß durch Auge und Seele Fühlung mit dem Menschen haben, zu dem man spricht. Man soll geistige Fühler ausstrecken, damit man spürt, wie es rings um einen herum steht, und was die Worte in dem wirken, der sie hört. Wir müssen rechtzeitig merken, ob sie verletzen. Spüren wir das, dann dürfen wir natürlich nicht lügen, das ist klar. Aber wir geben uns Mühe, so rücksichtsvoll zu sprechen, daß der andere merkt, wir meinen es gut. Dann verletzt ihn die Wahrheit nicht. Wir müssen auch rechtzeitig merken, wenn eine herzhafte, eine zarte Wahrheit kein Verständnis findet oder gar nicht herpaßt. Spüren wir das, dann dürfen wir wiederum nicht lügen, gewiß nicht. Aber wir müssen schweigen. Das alles ist schwer. Aber es gelingt, wenn wir es ehrlich meinen.

Und da müssen wir schon ein wenig tiefer über die Wahrhaftigkeit nachdenken. Sieh, es gibt Menschen, die wollen Wahrheit. Aber sie gehen mit ihr um wie mit einem Knüppel und kümmern sich nicht darum, was sie damit anrichten. Wir müssen aber lernen, wirklich wahr zu sein und feinfühlig zugleich. Andere wieder geben sie jedem preis, spielen mit ihr, werfen sie herum wie eine wertlose Ware. Wir müssen immer die Wahrheit sagen, doch auch sie in Ehren halten. Und das lernt man, wenn man es recht mit ihr meint. Es kann auch anders sein. Es kann sein, man nennt es Wahrhaftigkeit, und es ist doch im Grunde Herrschsucht, Rechthaberei, Gewalttätigkeit. Manchmal wird die Wahrheit gesagt, und zwischen ihr und einem Schlag ist gar kein Unterschied, nur wird hier mit Worten geschlagen und da mit der Hand. Beidemale aber ist die gleiche Härte in Auge und Herz. Es kann sein, einer sagt die Wahrheit, aber aus Eitelkeit. Auch mit der Wahrhaftigkeit kann man prahlen. Alle sollen sehen, daß man sich nicht fürchtet, daß man „ein Kerl" ist. „Die Wahrheit sagen" kann eine Art Sport werden. Eine solche Wahrhaftigkeit baut nicht auf, sondern zerstört. Sie kommt aus Selbstsucht, aus der Eitelkeit und dem Geist der Gewalt. Sie verletzt, schlägt nieder. Denk an so manche „ehrliche Aussprache"! Hat es da nicht zuweilen nachher in den Herzen ausgesehen wie auf einem Schlachtfelde: Wunden, Bitterkeit und Zerstörung?

Das heißt nun nicht, man solle zimperlich tun und sich vor einem scharfen Gang scheuen, gewiß nicht! Ein Kampf mit blanker Geisteswaffe ist herrlich. Und was gesagt werden muß, muß gesagt werden, wenn es noch so hart ist, das ist klar. Und kann einer die Wahrheit nicht vertragen, so ist ihm nicht zu helfen. Aber es ist doch gut, wenn wir uns selbst prüfen, ob unser Wahrheitsagen wirklich „aus der Wahrheit" kommt. Wir sollen die Wahrheit sagen, aber „in Klugheit", und das heißt hier soviel wie „in Liebe".

Dann kommt man auch schon von selbst dazu, daß man die Wahrheit nicht entehrt. Hast Du nicht manchmal das Gefühl gehabt, daß eine zarte, hohe Wahrheit von den Redenden in den Schmutz geworfen worden sei? Weil sie ausgesprochen wurde, als nicht Zeit und Gelegenheit dafür war? Manche nennen es „sich aussprechen", und ist doch nur ein Herumzerren von ernsten, innerlichen Dingen, die man drinnen behalten soll oder nur selten, in geweihten Stunden, darüber reden. Mancher meint, er müsse unbedingt das und das sagen, die Wahrhaftigkeit erfordere es. Es ist aber nur unbesonnenes Drauflosreden, er kann das Wort nicht bei sich halten. Das heißt alles wiederum nicht, man solle ängstlich werden. Was gesagt werden muß, muß gesagt werden, ob es dem andern paßt oder nicht. Man muß auch bereit sein, dafür die Folgen auf sich zu nehmen. Aber es ist gut, wenn man selbst prüft, ob dieses Sagen wirklich „aus der Wahrheit" kommt. Die Wahrheit soll gesagt werden, aber „in Klugheit", und das bedeutet hier soviel wie: „in Ehrfurcht".

Du hast vielleicht das Gefühl: Hier heißt es immer: So — und auch so! Einerseits — andererseits! Dir wäre es vielleicht lieber, es hieße: Sag die Wahrheit durch dick und dünn! Sag sie rücksichtslos, jedem und jederzeit und über alles! Ja, einfacher wäre das! Und sähe großartiger, entschiedener aus. Man braucht dabei auch Verstand und Herz nicht anzustrengen. Aber denke nur einmal aus, was dann entstehen würde. Da merkst Du bald, so geht es nicht. Das ist ja gerade das Schwere, daß man die Wahrheit nicht von der Liebe trennen kann.

Gott ist nicht nur die Wahrheit, sondern auch die Liebe. Und nur in der Wahrheit wohnt er, die aus der Liebe kommt. Und Gott ist nicht nur die Wahrheit, sondern auch die lebendige Ehrfurcht selbst. Und er hat seine Freude nur an der Wahrhaftigkeit, die mit ehrfürchtigem Sinn verbunden ist.

Jene falsche Wahrhaftigkeit besteht auf die Dauer nicht. Eines Tages bricht sie schmählich zusammen. Nur die besteht, die aus lauterer Absicht kommt und sich Mühe gibt, in der Liebe zum andern Menschen zu bleiben und in der Ehrfurcht vor der Würde der Wahrheit selbst. So wollen wir uns also darum bemühen: Unbedingt wahr zu sein, aber auch zugleich Rücksicht zu nehmen auf den Nächsten. Unbedingt wahr sein, aber zugleich wissen, wann es Zeit und Gelegenheit ist zum Reden, und wann nicht. Mit solcher Wahrhaftigkeit bauen wir Gottes Reich.

Ob wir nicht wieder eine Hilfe dazu finden können? Daß der Leib auch mitwirkt? Er vermag viel, zum Guten und zum Schlimmen. Ich will Dir einen Vorschlag machen: Beim Reden den andern in die Augen schauen. Warum das? Vor allem schaffen wir dadurch offene Bahn zwischen uns und dem andern. Dieser offene Blick sagt: Du sollst sehen, daß kein Hinterhalt hinter meinen Worten liegt; und ich will das gleiche auch von Dir wissen. Wir beide wollen wissen, woran wir sind miteinander. Denn wer lügt, meidet den Blick des andern, wenn er nicht schon ganz schamlos ist. Er fürchtet, jener möchte in seinen Augen lesen, daß hinter den Worten etwas anderes steckt. Sieht man sich nun immer offen in die Augen, dann ist das von vornherein ein lebendiger Ausdruck für den unbedingten Willen, aufrichtig zu sein. Ferner kommen wir dadurch in Fühlung mit den andern. Wir sehen, was unsere Worte wirken. Wir merken, wann wir zu weit gegangen sind, und können es wieder gut machen. Wir merken, wenn die Worte nicht den rechten Boden finden und können schweigen. Auch das ist nicht immer so einfach.

Es kann einer von Herzen aufrichtig sein und doch den Blick dem andern nicht fest ins Auge richten können. Denn diese Festigkeit ist zum großen Teil auch Sache der Nerven. Also müssen wir es üben. Nicht als einen körperlichen Sport wie beim Turnen, sondern als Gleichnis und Hilfe für den Willen, aufrichtig zu sein.

Und weißt Du, wo man für die Wahrhaftigkeit des Redens lernt, was einem sonst nirgendwo aufgeht? Im Schweigen und in der Einsamkeit. In den Worten liegt eine eigene Gewalt. Wenn sie ins Laufen kommen, dann rollen sie wie die Steine den Hang hinunter, ganz von selbst. Eine große Versuchung liegt in den Worten. Über wen diese Macht gewinnt, der kommt ins Lügen und weiß nicht wie. Dann werden die Worte um der Worte willen gesagt; um dessentwillen, was in ihnen gleißt und klingt, und die Sache wird darüber verraten. Gehen wir aber ins Schweigen, dann verlieren die Worte diese Macht, und wir stehen vor der Sache. Die Sache redet zu uns, wir hören sie und merken, ob wir ihr gedient oder mit ihr gespielt haben. Vielleicht hast Du diese Erfahrung schon gemacht. In der Schule ist eine Auseinandersetzung gewesen. Die andern standen herum; da ist man recht ins Reden geraten; die Worte sind geflossen, und es hat gewaltig und großartig geklungen, wie ein Rausch ist es über einen gekommen. Ein paar Tage nachher denkt man im Stillen zurück. Da gehen einem die Augen auf. Man sieht, wie leer die Worte waren, Theatergerede! Man spürt, wie unrecht sie anderen getan haben, Dinge preisgegeben, die viel zu schön waren dafür. O, da kann es einem so hell, so schmerzhaft hell werden; daß es bis in die Seele hinein brennt vor Scham und Zorn!

Die andere Gewalt, die zum Lügen führt, ist die Nähe der Menschen. Wenn wir bei den Menschen sind, dann erwacht die Eitelkeit, die Eifersucht, Eigennutz, Herrschsucht, all das Schlimme, was zum Lügen bringt. Gehen wir aber in die Einsamkeit, so fällt es ab und wir stehen vor Gott und unserm Gewissen. Dann sind wir frei und sehen klar. Da ist zum Beispiel ein Kreis beisammen und erzählt sich was. Wie groß ist die Versuchung, für einen Witz die Wahrheit zu entstellen, nur damit die andern lachen sollen! Oder aufzuschneiden, damit die andern einen bewundern! Ist man dann allein, so fällt der Bann. Man greift sich an den Kopf: Wie konntest Du nur so sprechen! Um eines Gelächters willen ... für einen bewundernden Blick! So wollen wir die Kunst des Schweigens lernen. Schon im Gespräch nichts sagen, worin wir uns nicht sicher fühlen. Auch zuweilen einmal schweigen, wenn man seiner Sache gewiß ist, und statt des Redens zuhören und nachdenken.

Und dann wollen wir manchmal in die Einsamkeit gehen, weg von den Menschen. Allein auf Fahrt; allein bei sich auf seinem Zimmer; allein in einer stillen Kirche. Und dort richtig schweigen. Es gibt auch ein inneres Schwätzen. Auch das soll verstummen. Gott ist da und mein Gewissen. Und nun überlegen wir ruhig eine wichtige Angelegenheit. Aber wir lassen die Sache reden. Das heißt: Wir schauen auf sie, öffnen ihr unser Herz, suchen behutsam zu erkennen, wie es wirklich mit ihr steht. Das macht dann unser Wort, wenn wir reden müssen, voller und wahrer. Oder wenn wir irgendein Gespräch geführt haben, dann fragen wir in der Einsamkeit: Herr, wie war es? Habe ich für Dich geredet oder für mich? Habe ich die Wahrheit gesagt oder nicht? Habe ich sie in Ehrfurcht, in Liebe gesagt? So lernen wir in der Einsamkeit, in der rechten Weise bei den Menschen zu sein. Und das Schweigen lehrt uns, recht zu reden.

Am Abend fragen wir uns wieder: Wie hab' ich es heute gehalten, heute morgen — in der Schule — bei dem Unterricht — bei den Unterhaltungen — zu Hause? Und da wollen wir recht streng gegen uns sein. Nicht ängstlich. Neigst Du zu Ängstlichkeit, dann lasse die Prüfung am Abend ganz weg. Sonst aber sich scharf anfassen: Bin ich für Gottes Reich eingetreten? Bin ich ein Mehrer seines Reiches gewesen oder hab' ich es im Stich gelassen? Habe ich die Wahrheit in Liebe gesagt oder rücksichtslos? Habe ich sie in Ehrfurcht gesagt oder zur Unzeit hinausgeworfen? Ist es mir um die Wahrheit zu tun gewesen oder um Aufsehen, Streit und Gewalttätigkeit? Dann rechnet man darüber mit Gott ab und bittet ihn um Kraft, es am nächsten Tage besser zu machen. Und vor dem Einschlafen senkt man sich wieder einen wirkenden Gedanken in die Seele: Morgen bin ich den ganzen Tag wahr ... frei den Blick ... ruhig-offen das Wort ... besonnen, rücksichtsvoll, aber fest ..., so bin ich morgen den ganzen Tag.

Zum Nachdenken: Wie steht es, wenn ein Freund in Not ist, und man meint, man kann ihm durch eine Lüge helfen? — Die Lüge am Krankenbett. — Die Höflichkeitslügen. — Die Redensarten des täglichen Umgangs. — Wenn man jemand nicht leiden kann. —

Klugheit und Schlauheit. — Rücksichtnahme und Menschenfurcht. — Rücksichtnahme und Mangel an Selbstvertrauen — Im Gespräch: Scharfer, fröhlicher Kampf und Ritterlichkeit für den Gegner. — Wann muß man einem sagen, was man von ihm denkt? — Das duldende Schweigen. — Schweigen aus Liebe. — Schweigen aus Demut. — Reden ist Anfassen; zarte Wahrheiten.

Dritter Brief

VOM GEBEN UND NEHMEN, VOM HEIM UND VON DER GASTFREUNDSCHAFT

Heute wollen wir von der Gemeinschaft sprechen und zwar von etwas aus ihrem innersten Herzen, vom Geben und Nehmen. Es ist noch nicht das Tiefste in der Gemeinschaft. Aber wer ein bißchen Erfahrung hat, wie „selig das Geben ist", und das echte Nehmen auch, dem wird es warm ums Herz, wenn die Rede darauf kommt. Er möchte große, schöne Dinge darüber sagen; versucht er es aber, dann merkt er bald, wie es lauter Selbstverständlichkeiten sind. Doch das Selbstverständliche ist ja das Größte und auch das Schwerste im Leben.

Es gibt so vieles, was wir geben können! Sachen und Bücher und Bilder; Hilfeleistung und guten Rat; ein freundliches Wort, eine Freude, eine Gefälligkeit ... Hat einer keine Sachen zu geben, dann kann er vielleicht durch die Tat helfen. Geht auch das nicht, dann durch klugen Rat oder durch ein ermutigendes Wort. Und das Beste, was wir geben können, kommt geraden Wegs aus dem Herzen und geht dorthin: Das Gebet. Das ist die verborgene Wundermacht, der die große Verheißung gegeben ist: „Alles, um was ihr in meinem Namen bittet, habt den Glauben, daß es euch gegeben wird, und ihr sollt es empfangen." Besonders einen Augenblick gibt es, da sind wir gleichsam Herr über die Reichtümer Gottes: in der heiligen Kommunion. Nicht nur für uns, sondern auch für die andern. Sie ist das Sakrament der Gemeinschaft. Da sind wir eins mit Gott, und in ihm alle eins untereinander. Wir tragen Christi Gnade heim, und wenn wir dann den Unseren in Liebe begegnen, so strömt sie durch Wort und Tat über. Wir tragen sie zu Freunden und Arbeitsgenossen, und sie wirkt in jedem Wort, das wir sprechen.

Und endlich: Haben wir schon einmal bedacht, daß wir auch alles, was uns drückt, zur Gabe für andere machen können? Verdruß, Leid, Sorge, Entbehrung — wenn wir das tapfer tragen, und bringen es als freies Opfer dem Herrn dar, für alle und für alles, was uns am Herzen liegt, so hat es Teil an der Gewalt des Kreuzes, und hilft, wo sonst nichts helfen kann! Tiefe Dinge sind das. Denk einmal darüber nach; man spricht nicht leicht davon. Es kann nun freilich geschehen, daß einer sich arm fühlt; daß er nichts zum Geben hat. Äußerlich nicht, und vielleicht auch nicht innerlich. Er findet keine Worte, um zu sagen, wie er es meint. Er fühlt sich in der Seele arm und unnütz. Aber vielleicht ist gerade er zum lautersten Geben berufen. „Selig die Armen im Geiste", hat der Herr gesagt. Das wahre Geben lernt nur, wer die eigene Armut erfahren hat. Dann ist „seiner das Himmelreich"; er wird demütig, selbstlos und lernt geben „vom Himmelreich her", aus Gott. Geht es Dir so, dann habe Geduld, warte. Gott wird Dir den Menschen zuführen, der Deiner bedarf.

Ja, und wenn man gibt, dann das Gute geben, nicht das Geringe. Was ich da schreibe, sind Selbstverständlichkeiten; und wenn Du die Kunst des Gebens schon verstehst, so meinst Du wohl, solche Sachen brauche man nicht zu sagen. Aber vielleicht bist Du noch nicht darauf gekommen, und es ist doch so wichtig. Wenn wir also geben wollen, dann den besseren Apfel, das schönere Buch, die guten Stunden, die erste Stelle im Gebet. Wir wollen doch Kostbares geben, keinen Abfall! Da muß man sein Herz weit machen. Ich glaube, der heilige Bernhard war es, der das wundervolle Wort gesprochen hat: „Das Maß einer Seele ist die Größe ihrer Liebe." So viel Liebe sie hat, so groß ist sie. Und dieses Maß spüren wir jedesmal, wenn wir etwas Schönes in der Hand halten und es gleichsam noch einmal wägen: Soll ich es hergeben? Denn was an einem Dinge Köstliches ist, das spürt man besonders, wenn man sich von ihm trennen soll. Die große Seele hat dann viel Liebe und spricht: Schön ist, was ich da habe. Gerade darum will ich es geben!

So viele warten auf unsere Gaben, oft ohne es zu wissen: Eltern, Geschwister, jeder, mit dem uns das Leben zusammenführt, und heute besonders die vielen, die arm geworden sind und nicht einmal mehr das unbedingt zum Leben Nötige besitzen. Aber nicht nur die uns nahestehen, warten auf uns, die wir gerne leiden mögen, sondern auch die uns weniger gefallen, auch die uns fremd sind, vielleicht gar widerwärtig. Armselig die Gebekraft, die sich nur rührt, wenn sie jemand mag! „Das können auch die Heiden", hat der Herr von ihr gesagt.

Aber richtig geben! Was die Gabe wirklich wert ist, kommt von der Art, wie sie gereicht wird. Danach ist sie eine fröhliche Gemeinschaft oder eine Abfertigung; Ehre oder Demütigung; herzliches Aufnehmen oder Abweisung; eine mürrische, erzwungene Sache oder etwas Hohes, Freudiges. Also gern geben! „Den fröhlichen Geber hat Gott lieb", sagt die Schrift. Rasch, sich nicht lange bitten lassen! Ja, die beste Art ist es, wenn man überhaupt nicht erst die Bitte abwartet, sondern selbst sieht, wo es fehlt; selbst kommt, selbst fragt. Nicht, weil es sein muß, sondern aus freiem Herzen, aus lauterer Gebefreudigkeit. „Frei-gebig" sein; wäge das Wort einmal in Deinem Herzen, und spüre, welch königliche Schönheit darin ist!

Und noch eins: Wenn wir etwas gegeben haben, dann dürfen wir es nicht mehr zurücknehmen. So etwas tut man nicht. Gewiß wird keiner hingehen und sagen: „Gib es wieder heraus". Aber es sind mancherlei Arten, wie eine Gabe zurückgenommen werden kann. Wenn einer zum Beispiel in einer „weichen Stunde" etwas geschenkt hat, und nachher ist es ihm leid, und er wird gegen den andern verdrießlich, dann hat er die Gabe wieder zurückgenommen. Oder er läßt verstehen, wie kostbar sie war, zeigt, daß er das Ding entbehrt, das ist, als griffe er wieder danach. Ja, gehen wir einmal ganz auf den Grund. Schon wenn man bereut, etwas hergegeben zu haben — hat man es da nicht in Wahrheit wieder zurückgeholt? Also: Wenn wir geben, dann ganz, und es nachher auch so lassen. Oft fühlt man erst später, wie wertvoll die Sache war. Dann müssen wir aufrecht halten, was wir getan. Ja, dann müssen wir die Gabe in Lauterkeit des Herzens erst richtig vollenden.

Was aber ist die Seele des rechten Gebens? Die Liebe. Jene Liebe, die aus Gott kommt. Gottes Kinder sind wir; Brüder und Schwestern Christi. Der Vater droben gibt uns so reich. Von ihm „kommt ja jede gute Gabe und jedes vollkommene Geschenk, vom Vater der Lichter". Lies einmal die Gleichnisse unseres göttlichen Meisters von den Lilien des Feldes, von den Vögeln des Himmels, und was die Bergpredigt sagt. Der Vater gibt aus göttlicher Freigebigkeit. Wir empfangen von ihm und geben es weiter. So zeigt es sich, ob wir verstanden haben, was er will. Wir bitten ja: „Unser tägliches Brot gib uns". „Uns" gibt er. Jeder empfängt also, nicht damit er es ängstlich an sich raffe, sondern damit er den Geschwistern teil daran gebe. Das ist die heilige Gemeinschaft der Kinder Gottes. Wer so gesinnt ist, der fühlt: „an dem, was mein ist, sollst auch Du Anteil haben". Nicht aus Recht, aber aus Liebe. Wer so gesinnt ist, fühlt unwillkürlich mit dem andern, ohne viel Überlegung. Der erträgt es nicht, satt zu sein, wenn der andere hungert. Den drückt seine Habe, wenn andere arm sind. Das ist Gemeinschaft; und umso tiefer und lauterer wird sie, je reiner unser Wille wird und je freudiger unser Geben.

Damit es aber so sein könne, müssen wir frei werden. Nur der freie Mensch kann recht geben. Die Heilige Schrift spricht von der „Freiheit der Kinder Gottes". Das bedeutet, daß wir nicht Knechte der Dinge sind, sondern ihre Herren. Wenn jemand an einem Buch so hängt, daß er es nicht hergeben kann, dann gehört nicht das Buch ihm, sondern er dem Buch. Wenn sich jemand von seinem Apfel oder seiner Schokolade nicht trennen kann, dann ist er der Knecht davon. Gottes Kinder sollen aber Herren sein über die Dinge. Sie sollen darüber schalten können in Freiheit. Auch das heißt „arm sein": „Besitzen, als besäßen wir nicht". Und eine Probe dafür ist das Geben. Fröhlichen Herzens kann nur geben, wer frei ist, Herr über die Dinge. Und umgekehrt gibt es keinen besseren Weg, von den Dingen freizuwerden, als daß wir aufrichtigen Herzens schenken. Jedes Schenken hilft uns, frei zu werden, und je freier wir sind, desto lauterer wird unser Geben. Und im Tiefsten wissen wir genau: Was aus Liebe geschenkt wird, ist auch dem Geber nicht verloren. Wir fühlen es: Geben heißt nicht verlieren, denn die Liebe bewahrt. Wenn der Menschenbruder es hat, von mir gegeben in der rechten Freiheit, habe ich es dann nicht im tiefsten Grunde auch? Oder was heißt das sonst: Gemeinschaft haben? Aber in wahrer Liebe muß es gegeben sein. Die ist kein Gefühl, sondern Selbstlosigkeit. Sie bedeutet, daß wir dem andern so gesinnt sind und so tun, „wie uns selbst".

Liebe bewahrt nicht nur; Liebe verklärt. Was in Liebe gegeben wird, das trägt sie in Gottes Herrlichkeit. Wenn einer in Liebe gibt, so ist da etwas Irdisch-Vergängliches himmlisch gemacht worden, ewig. Etwas Kümmerliches ist eingegangen in Glanz, und eine ganz neue Fülle daraus hervorgebrochen. Erinnerst Du Dich an das Wort des Herrn, daß wir uns „Schätze sammeln sollen im Himmel"? Dort, in Gott, gehört die Gabe dem, der sie gab, und dem, der sie empfing. Und beide haben darin unaussprechliche Gemeinschaft. Das ist die tiefste Seele des Gebens. Und daraus kommt ihm dann auch die rechte Art. Ich meine, das sei erst die beste Art des Gebens, wenn es ganz selbstverständlich geworden ist. So lange einer noch etwas Besonderes dabei findet, ist es noch nicht ganz das Rechte. Erst dann ist das Geben in Wahrheit schön, wenn es einem Menschen selbstverständlich geworden ist, wenn er gar nichts Besonderes mehr darin sieht. Geben und Nehmen ist eine schöne Weise, wie Menschen Gemeinschaft haben, sonst nichts. Das Ausatmen und Einatmen lebendiger Gemeinschaft. Also nicht groß „Wohltaten geben" und „Wohltaten empfangen". Was hat denn Großes getan, der geschenkt hat? Ein Fünklein des Lichtes hat er weitergegeben, das Gottes

Sonne jeden Tag in Fluten über ihn hereinströmen läßt. Eine Freude hat er gehabt. Deshalb darf er auch nicht Dankbarkeit wollen. Der Herr hat ja gesagt, daß „Geben selig sei". Willst Du dafür Dank, daß Du hast „selig sein" dürfen?

Ist einer so gesinnt, dann macht er auch dem Empfangenden das Nehmen leicht. Es fällt oft schwerer als das Geben. Wir reden hier nicht von stumpfen Leuten, die nur auf das sehen, was sie kriegen. Denen wird das Nehmen nicht schwer. Ich meine solche mit Ehre und Zartgefühl. Für die ist es oft hart. Denn, wenn einer gibt, so scheint es doch fürs erste, als hieße das: „Ich habe, und Du hast nicht. Ich bin reicher als Du; stärker als Du; Du brauchst mich." Das kann sehr bitter sein. Die große Kunst des Gebens aber ist, daß diese Bitternis verschwindet. Daß der Empfangende nur noch fühle: „Wie schön, daß sich alles so gefügt hat. Daß dieser gekommen ist und hat mir geholfen, als ich in Not war!" Ja, ganz vollkommen wäre die Gabe, wenn der Empfangende gar nicht besonders merkte, daß ihm gegeben wird. Wenn er so empfangen könnte, wie wir jeden Tag aus Gottes Hand Licht und Wärme und das Klopfen unseres Herzens empfangen, und alles was in uns lebt, und die Menschen um uns her. „In Gott leben wir und bewegen wir uns und sind wir", und merken es nicht. Das ist Gottes unendliches Zartgefühl, seine allerhöchste Gebe-Freiheit. Von der müssen wir lernen. Aber wie? Da kann man nicht viel sagen. Man muß es sich erwerben. Muß sich oft mit dem Gedanken durchdringen: Auf mich kommt es hier überhaupt nicht an. Ob der andere mich versteht, ob er mir dankt, ob er in mir den freundlichen Helfer sieht, das ist ganz und gar Nebensache. Es kommt nur darauf an, daß ihm geholfen, daß er froh werde. Mit fester Hand muß man sich ins Herz greifen und all das Unkraut von Eitelkeit, Selbstgefälligkeit, Selbstsucht herausreißen, das drinnen wuchert. Darf nichts wollen, als ganz ehrlich dem andern zur Verfügung stehen. Dann kommt es schon mit der Zeit. Wir müssen unsere Augen aufmachen und darauf achten, wo es fehlt. Aufpassen, und einer Bitte zuvorkommen. Gern geben, und aus unserm Herzen auch das letzte Restchen von Verdruß, Widerstand oder Geiz herausreißen, was die Gabe verbittern könnte. Dem andern zeigen, daß er uns Gelegenheit zu einer Freude verschafft, wenn er sich helfen läßt. Zartfühlend geben: ja bitten, ob wir helfen dürfen, und so noch manches.

Auch das kann nützen, wenn wir uns fragen: Wäre ich nun der Empfangende — wie wär' mir zumute, wenn einer so zu mir redete, wie ich es eben getan? Mir so entgegenträte? Was würde ich jetzt wünschen?

Dann wird auch das Empfangen leicht. Manchmal ist es schwer. Besonders wenn man merkt, der andere gibt nicht gern, oder er braucht die Sache selbst. Und ist einer von empfindlichem Gefühl oder stolzer Sinnesart, dann kann ihm das Empfangen sehr hart werden. Aber man muß es lernen. Gemeinschaft haben heißt auch empfangen können. Wir sind hochmütig und wollen uns nicht helfen lassen. Wir sind empfindlich und fühlen uns durch eine Gabe gedemütigt. Wir sind stolz und können nicht bitten. Wir wollen unabhängig sein und uns nicht verpflichten lassen. Solange es so ist, gibt es keine Gemeinschaft. Nehmen und

Geben ist eine Brücke von Mensch zu Mensch. Aber sie ruht auf zwei Pfeilern, und einer heißt eben: Empfangen. Wenn keiner da ist, der recht zu empfangen weiß, dann bricht sie zusammen. Also müssen wir lernen, ganz schlicht zu bitten, wenn wir etwas brauchen; mit offenem Herzen anzunehmen; uns aufrichtig zu freuen und zu danken. Rechtes Empfangen ist selbst ein Werk, und zwar ein hohes. Es macht, daß das rechte Geben überhaupt erst zustande kommt. Das rechte Empfangen hat ebensoviel teil am Gemeinschaftswerk der Kinder Gottes, wie das rechte Geben. Das rechte Empfangen ist ebenfalls Liebe und baut mit an der heiligen Brücke. Wer das begreift, der schämt sich nicht mehr. Wer recht zu empfangen versteht, der geht mit dem Gefühl heim: „Ich bin froh, daß es Menschen gibt, die so geben können."

Eine besonders köstliche Art der Gebe-Gemeinschaft ist die Gastfreundschaft. Was heißt das, jemand zu Gaste nehmen? Es bedeutet, daß jemand „Draußen" ist, und man nimmt ihn in sein „Drinnen" auf, in sein „Heim". Dies „Draußen" und „Drinnen" kann buchstäblich gemeint sein, so, wenn jemand heimatlos ist, oder zu Besuch ist, und man nimmt ihn zu Gaste. Dann kommt er herein in unser Haus, in unsere Stube und ist bei uns drinnen. Da bedeutet denn richtige Gastfreundschaft, daß man es ihm heimisch mache. Er muß erhalten, was er braucht: Speise und Trank und Pflege, und zwar wohlbereitet, sauber und reichlich, so wie man es eben vermag. Aber noch mehr gehört dazu. Man kann jemand zur Tür hereinlassen, und er hat doch das Gefühl, daß er draußen geblieben ist. Sein Körper hat hereingekonnt, aber die Seele nicht.

Er muß auch geistig aufgenommen werden. Und das geschieht, wenn man ihm freundlich entgegenkommt. Der Gast bringt Gott herein. So hat es der Herr gesagt: „Ich war unterwegs, und ihr habt mich aufgenommen.“ Diese Wahrheit haben wir vergessen. Früher wußte man von ihr. Als noch keine Eisenbahnen waren und Autos, als jeder auf den andern angewiesen war, da fühlten die Menschen lebendig, daß der Gast etwas Heiliges sei, und heilig das Gastrecht. Jetzt weiß man weithin nur von „Besuchen“, bei denen die Leute sich unterhalten und langweilen. Vom inneren Vorgang der Gastfreundschaft weiß man wenig mehr. Jeder ist dem anderen fremd; jeder soll sehen, wie er sich durchhilft. Aber die Jugend weiß, daß sie zusammengehört. Das Wandern hat den Menschen vom Gasthaus, von den Bequemlichkeiten der modernen Einrichtung losgemacht. Das gleiche Wollen verbindet. Und vor allem die Not unserer Tage führt zusammen. Wieder streckt der Mensch die Hand aus nach dem Menschen. Die alte Gastfreundschaft muß wieder erwachen, das heilige Recht auf sie und die heilige Pflicht, und wir erleben es, wie schön und tief sie ist. „Den Gast nehmt auf wie Christus selbst“, hat der heilige Benedikt gesagt. Die Herzen müssen wieder offen sein für dieses Gebot.

Nicht mit gefühlsseligem Getue sollen wir den Gast aufnehmen, sondern in aufrichtiger Bereitschaft. Schlicht und fröhlich. Wir geben ihm, was wir haben: Speise und Lagerstatt, ein freundliches Wort und jede Hilfe, die er braucht. Und je schlichter, je selbstverständlicher, desto besser. Er soll sich daheim fühlen. Wir werden ihn nicht belästigen, ihn aber auch nicht im Stich lassen, wenn er uns und unsere Hilfe braucht. Man schleppt einen Besuch nicht herum, hierhin und dorthin, zu allen möglichen „Sehenswürdigkeiten"; er soll sich frei fühlen. Wir werden ihn aber auch nicht allein lassen, sobald wir merken, daß er gern Gesellschaft hätte. Doch denke hier jeder selbst weiter.

Das alles fällt einem zuerst ein, wenn man von Gastfreundschaft spricht. Aber es gibt noch eine andere Weise, wie man einen, der „draußen" ist, in sein „Drinnen" aufnimmt. Ein freundlicher Gruß ist schon solch eine Aufnahme, wenn auch nur auf kurze Zeit. Ist ein ganz rasches Eintreten und wieder Weitergehen, aber es erquickt. Oder ein Gespräch: Die Pforte, durch die man den Gast einläßt, ist Zuhören und Verstehen. Er fühlt sich eine Weile zu Haus und geht erfrischt weiter. Mit dieser Gastfreundschaft kann es auch geschehen, daß der hereingekommen ist, nicht wieder hinauszugehen braucht, daß er drinnen bleiben kann und für immer eine Heimat findet, im Vertrauen, in der Treue. Schön ist das alles und ist ein Gleichnis von etwas gar Hohem. Was Gastfreundschaft wert ist, weiß nur, wer von draußen her kommt, aus der Fremde. Ihm wird es wohl, wenn gütige, gastfreie Herzen ihm Heimat schaffen. Aber sind wir nicht alle Wanderer? Jene wenigstens, die nicht satt hinterm Ofen sitzen? Alle, in denen das Verlangen nach der ewigen Ferne lebt und sie hinaustreibt, immer weiter, durch manchen dunklen Wald und tiefe Schlucht bis zu den Gipfeln? Hinauf, zur ewigen Höhe, wo Gott wohnt, im Schweigen und unendlichen Leuchten? Sind wir nicht Wanderer und haben nirgends eine bleibende Statt auf Erden? Sieh, dies ist aller Gastfreundschaft tiefster Sinn: Daß ein Mensch dem andern Rast gebe auf der großen Wanderschaft zum ewigen Zuhaus. Daß er für eine Weile ihm Bleibe gebe für die Seele, Ruhe, Kraft und das Vertrauen: Wir sind Weggenossen und haben gleiche Fahrt. Jede Gastfreundschaft ist gut, darin von solcher Gastfreundschaft der Seele etwas lebt.

Sollen wir aber Gastfreundschaft üben können, so müssen wir den, der draußen ist, hereinholen, wir müssen ihm eine Heimat bieten können. Dazu müssen wir erst selber eine haben; dann können wir sagen: „Komm herein!“ Was gehört wohl alles dazu, damit ein Heim sei? Vorerst manches Äußere: Daß Flur und Zimmer blank sind, und jedes Gerät an seinem Platz. Daß frische Luft im Hause sei und helles Licht hereinkomme. Schön still muß es sein, trotz aller fleißigen Arbeit; kein Zanken und Schreien und Türenzuschlagen. Ruhe muß es erfüllen, auch wenn jeder seinem Gewerbe nachgeht; kein Rennen und Hasten und Herumfahren. Es muß auch etwas in der Stube sein, was sie freundlich macht, erinnerst Du Dich noch an den Brief über die Freudigkeit des Herzens? Ein hübsches Bild an der Wand; eine schönfarbene Decke auf dem Tisch; ein duftender Strauß; ein blühender Stock am hellen Fenster. Die dem Gast entgegentreten, sollen sauber gekleidet sein. Damit ist kein Putz gemeint. Am Kleid darf ruhig ein handfester Flicken sitzen oder auch deren mehrere. Und hat einer gerade gescheuert oder die Hand am Herde gehabt, so sieht man ihr das natürlich an. Doch das ist gut, der Gast soll es sehen. Es wird ihn freuen, denn er merkt, hier macht man keine Umstände, und er gehört wirklich herein. Aber das Kleid soll instand gehalten sein; man darf keine Nachlässigkeit daran merken. Das ganze Menschenkind soll sauber daherkommen, und nur soviel vom Staub an sich haben, als eben gerade von der Arbeit kommt. Ist dann die Arbeit getan, und man sitzt bei den andern am Tisch oder in der Zimmerecke, dann paßt zu einem frohen Gesicht auch ein freundliches Kleid, und sei es noch so schlicht. Wichtiger freilich als dies alles ist das freundliche Gesicht selbst; eine gütige, leise Stimme, von der Shakespeare sagt, sie sei „ein köstlich Ding an Fraun"; ein herzlicher Gruß, eine teilnehmende Frage. Ist das alles da, so wird das ärmste Stübchen heimelig. Besonders die Mädchen geht das an, die Frauen. Sie schaffen das Heim, das haben wir ja schon aus allem herausgemerkt, was bisher besprochen wurde. Die Frau schafft das Verborgene, Stille, Warme. Sie muß schaffen, daß dem Gast ruhig zumute wird. Sie muß bei aller Geschäftigkeit machen können, daß Friede im Hause sei. Sie muß alles überschauen und es darf doch kein Gelaufe sein. Sie muß bei aller Arbeit Zeit finden, sich ein Stündchen zum Gast zu setzen und mit ihm zu sprechen oder auch — und das ist viel schwerer — zu schweigen. Kennst Du das tiefe Wort Brentanos „... und ein Schweigen ist in Dir, das man mit der Seele hört"? In solchem Schweigen ruht der Gast sich die Seele heil. Aber es ist nicht leicht, sondern der Gastfreundschaft Meisterstück. Die Frau muß jenes heimgebende Reich schaffen, in dem man sich wohl fühlt, wenn man von draußen her kommt. Sie muß fühlen, wann der Gast müde ist, merken „wo ihn der Schuh drückt". Sie muß spüren, ob er gern allein wäre, oder aber Gesellschaft wünscht; ob er gefragt sein will, oder nur ruhig angehört sein; ob er den Hausschlüssel will und seinen Weg gehen oder begleitet werden. Sie muß an alles denken, und doch darf der Gast nie das Gefühl bekommen, daß er lästig fällt, daß die Hausordnung durch ihn gestört wird, dann ist es natürlich mit dem Behagen vorbei.

Das sind große Dinge, nicht wahr? Wie lernt man die? Wenn man wirklich gastfrei ist, wirklich selbstlos. Die aufrichtige Güte, das ist die Seele der Gastfreundschaft. Wahrhaftig gast-frei kann nur sein, wer frei ist für den Gast. Und frei von was? Von sich selbst. Wenn jemand sich über den Gast freut, weil er Neuigkeiten hören will, dann wird er ganz sicher lästig fallen. Wenn man selbst unterhalten sein will, dann merkt man nicht, daß der Gast müde ist. Will man seine Sachen „zeigen", Bilder, Bücher, Hausrat, Zimmer, Geschirr, Vorräte, dann ist der Gast bedrückt, und er atmet auf, sobald er aus dem Geprahle draußen ist. Will jemand seine eigene Hilfsbereitschaft genießen, kommt alle Augenblicke gelaufen, bringt was, fragt was, dann hat der Gast das Gefühl, als ob er gefüttert und gegängelt würde, und es wird ihm zu eng. Man muß frei sein von sich: Nicht sich unterhalten wollen, sich zeigen. sich fühlen, neugierig, aufdringlich sein. Muß frei sein für den Gast: Ganz aufrichtig nichts anderes wollen, als daß er es gut habe, und zwar so, wie es ihm gefällt. Und macht man dann die Augen und Ohren des Herzens auf, und horcht, dann bekommt man bald heraus, was man tun und lassen soll. Hat man nicht immer sich selbst im Sinn, dann gibt es drinnen Platz für den andern: Man kann auf den Gast achten, ihm zuhören, über ihn nachdenken, ihn verstehen, und so fort. Hat man aber selbst Kummer oder irgendwelche körperlichen Beschwerden, dann Kopf hoch und ein freundliches Gesicht gezeigt: Das ist keine Heuchelei. Ein tapfer verschwiegenes Leid steht hinter der Freundlichkeit und macht sie nur um so tiefer. Ja, Du merkst wohl, hier wäre noch viel zu sagen. Aber denke selbst weiter.

Die ganze Sache hat aber noch eine zweite Seite. Wie muß sich denn der Gast verhalten, damit rechte Gastfreundschaft werde? Denn wie kein schönes Geben zustande kommt ohne schönes Empfangen, so auch kein richtiges Gastgeben ohne richtiges Gast-sein. Rechtes Gastsein bedeutet, zufrieden sein mit dem, was einem gegeben wird. Bedeutet, sich freuen können; Augen haben, die sehen, und ein Gefühl, welches würdigt, was die Gastfreunde tun.

Es bedeutet Takt, der weiß, was geht und was nicht; der fühlt, wann man beschwerlich fällt, ob der Gastfreund Arbeit hat, oder fort muß. Es bedeutet, daß man wisse, wann man kommen und wann man gehen muß; was man sagen kann und was nicht. Auch wie oft man kommen darf, denn zu allererst ist ein Mensch in seinem Heim doch für sich selbst da. Aber mancheinem ist sein Eigenleben schon gestört worden durch andere, die kamen, forderten, nahmen und sich weiter keine Gedanken darüber machten, daß auch die Gastfreundschaft ihre Grenzen haben muß, soll aus ihr nicht eine Last und eine Zerstörung werden.

Was nun besonders ins Auge zu fassen wäre, das mache Dir selbst klar: Für das Geben oder für das Nehmen; für die äußere oder für die innere Gastfreundschaft; gegen Geiz, Habsucht, gegen Grämlichkeit, Empfindlichkeit, Stolz; für Grüßen oder Zuhören, oder was es sein mag. Überlege Dir auch, was wir über das Äußere gesagt haben, über das Heim. Wir wollen unser Zimmer so bereiten, daß es ein Heim werde: Rein, freundlich, ordentlich, und wäre es noch so bescheiden. Wir wollen uns selbst so halten, daß wir immer andere aufnehmen können: Sauber und fröhlich. Vergiß am Abend die Rechenschaft nicht, ob Du Dir auch treu gewesen bist, und am Morgen erneuere Dich im Willen. Und vor dem Einschlafen ein weiterwirkender Gedanke: „Eine unserer köstlichsten Tugenden ist das Geben ... das Empfangen ... die Gastfreundschaft ... Schön ist sie ... Morgen werde ich sie üben ... und zwar fröhlich ... aus klarem Herzen ..."

Zum Nachdenken: Wenn wir eine Bitte abschlagen müssen. — Wenn jemand sich nicht helfen lassen will. — Wenn man eine Fehlbitte tut. — Freigebigkeit und Verschwendung. — Wann darf man nicht geben? — Sparsamkeit. — Geiz. — Voraussicht. — Vertrauen und Vertrauensseligkeit. — Die schädlichen Folgen unbedachten Gebens. — Sich auf andere verlassen. — „Danken" und „bezahlen". — Umstände machen. — Zudringlichkeit. — Takt. — Wie vergilt man Gastfreundschaft? — Zu oft! Zu lang! — Die Kunst, zur rechten Zeit fortzugehen. — So sein und gehen, daß der Gastgeber sich auf das Wiederkommen freut ...

Vierter Brief

ERNST MACHEN

Will der Goldschmied ein Schmuckstück prüfen, dann streicht er es über den Stein, und am Strich erkennt er den Feingehalt. Wo ist der Prüfstein, auf dem man sieht, was ein hohes Ziel wert ist?

Es steht einer am Feuer. Die Flammen fahren brausend empor, die Hände halten sich im Kreis, und alle fühlen, wie die Seele mit der Lohe in die Höhe steigt. Wenn er dann spricht: „Ich will empor!" — so ist das etwas Schönes. Es kann der Anfang eines neuen Lebens werden. Kann es; denn an und für sich gibt diese Begeisterung noch keine Gewähr, ob es mit ihr ernst ist. Kommt der Junge wieder nach Hause, zu Eltern und Geschwistern, ist er wieder in der Schule mit den Kameraden und Freunden, dann entscheidet sich's. Kann sein, er bleibt der nämliche Mensch, wie vorher: mürrisch, unzufrieden, unverträglich, ohne Lust bei der Arbeit. Dann war es nichts mit der Begeisterung! Reißt er sich aber zusammen, bemüht er sich, Eltern, Geschwistern, Dienstboten und sonstigen Hausgenossen freundlich zu begegnen, packt seine mürrische Laune an und überwindet sie, ist den andern in der Schule ein ehrlicher Kamerad, dann hat die Begeisterung Probe bestanden ...

Oder denken wir uns, beim Zusammensein wird irgendetwas Schönes gelesen: Über das neue Menschentum etwa. Das Herz wird warm und entschließt sich: „Ich will!" Ob es aber echt ist, merkt man jetzt noch nicht. Läßt man dann seine alten Fehler laufen wie seither, klatscht, reißt die anderen herunter, ist zornmütig, faul, nachlässig bei der Arbeit, dann war es Strohfeuer. Beginnt man aber einen zähen Kampf mit den schlimmen Sachen im Herzen; ringt mit der Lüge, mit der

Trägheit, wie mit dem schlimmsten Feinde; Tag um Tag, immer auf's neue, dann war die Glut echt ... Ob ein hohes Ziel und eine Begeisterung echt sind, das merkt man nicht in den feierlichen Stunden, sondern im Alltag. Ob einer Ernst macht, sieht man nicht an den großen Entschlüssen, sondern an der kleinen Arbeit tagaus tagein. Ernst machen, mit hohen Gedanken die Wirklichkeit anpacken, heißt, sein alltägliches Leben, die tausend kleinen Gelegenheiten des Tages aus ihrem Geist gestalten.

Wir haben hohe Ziele. Schier die ganze Welt möchten wir besser machen. Die Menschen sollen reiner werden, edler und froher. Bessere Freuden sollen sie haben als bisher, ihre Geselligkeit soll schön werden, ihre Arbeit menschenwürdig. So mancherlei gibt es, was wir gern anders hätten, zuweilen von Grund auf anders. Oft haben wir davon gesprochen, da hat ein helles Bild erneuerten Menschentums vor unserer Seele gestanden. Durch Gottes und des guten Willens Kraft war darin das Böse bezwungen, und der Mensch wirklich zum Kinde Gottes geworden. Mit großer Überzeugung wurde festgestellt, so müsse es werden und so — hat dabei nicht zu Haus auf dem Tisch eine Arbeit gelegen, die gerade jetzt hätte getan werden müssen? Der Mund hat große Worte geredet, und drinnen hat das Gewissen gesagt: „Junge, Du schwindelst ja! Tu' doch Du erst einmal Deine nächste Pflicht! Willst die Welt erneuern, und dabei verbummelst Du die Mathematikarbeit! Dann schreibst Du sie wahrscheinlich morgen früh noch geschwind vom andern ab. Ist das Ernst? — Oder: Du verurteilst die schlimmen Zustände, und dabei hast Du die Besorgung nicht gemacht, die Dir aufgetragen war.

Das Zimmer zu Haus ist auch noch nicht in Ordnung, und der Aufsatz hätte schon gestern fertig sein sollen. Kann die Welt besser werden, wenn Du gerade das nicht tust, worauf es allein ankommt? Deine jetzige Pflicht? Was hieße wohl hier ‚Ernst machen'?"

Schon oft ist davon gesprochen worden, alles müsse natürlich und einfach werden, die Welt sei ganz verkommen vor lauter Ansprüchen und Vergnügungen. Wir müßten bedürfnislos werden und ihr den Weg zeigen. Vielleicht haben wir sogar das große Wort von der Armut gesprochen, vom heiligen Franziskus geredet und gemeint, sein Geist der Armut, der königlichen Freiheit müsse erwachen. Aber: Haben wir davon gesprochen, wenn wir satt waren, und uns da die großen Worte, die heroischen Stimmungen erhaben durch die Seele gehen lassen? Oder aber, wenn es zu Hause knapp zuging, haben wir da mit Fröhlichkeit vorlieb genommen und der Mutter durch ein vergnügtes Gesicht ihre Sorgen erleichtert? Du verstehst, hier liegt der ganze Unterschied. Das erste waren Redensarten, das zweite Ernst. Haben wir an Christi Armut gedacht, und dann gern auf ein Vergnügen, auf ein schönes Zusammensein verzichtet? Wenn es aus irgend einem Grunde nötig war, oder auch vielleicht nur, um „arm", das heißt frei zu werden? Oder haben wir das Reden von der Armut als geistige Leckerei genossen? Als ein auserlesenes Ding, an dem man sich freut, wie an einem Gedicht, aber das Leben spürt nichts davon?

Verantwortung: Auch solch gewaltige Sache! Kein Wort, das einem aufrichtigen Menschen schwerer auf der Seele liegen könnte, als dieses. Es gibt aber Menschen, die reden jeden Augenblick von Verantwortung. Sie haben

Verantwortung für die Jugend, Verantwortung für das Volk, Verantwortung für die Menschheit, für die Welt, wer weiß, für was alles noch. Laß uns einmal schärfer zusehen. In einer Gruppe sind sie nicht einig. Man ist aber am Werk, die Geschichte wieder in Gang zu bringen. Eines Tages fällt eine ungeschickte Äußerung. Der sie hört, weiß, wie die Sache steht; trotzdem läuft er zu den andern. „Denkt euch, der Franz hat das gesagt!" Darüber große Aufregung, und der Krach ist endgültig ... Anderswo soll der Leiter gewählt werden. Einer kommt vor allem in Betracht. Nun hat der früher einmal gesagt: „Wenn ich Leiter wäre, würd' ich ein strammeres Regiment führen!" Das war so hingesprochen ohne viel dabei zu denken. Jetzt fällt es einem ein, und er erklärt: „Den kann man nicht nehmen, er ist herrschsüchtig!" Nun ist das Mißtrauen da, und ein tüchtiger Mensch kommt nicht auf den Platz, auf den er gehört ... Eine Kasse ist zu führen, oder größere Einkäufe müssen gemacht werden. „Wer übernimmt's?" — „Ich!" Einige Wochen nachher: „Du, bring' bald die Abrechnung, damit wir sehen, wie's mit unserem Geld steht". — „'s ist recht!" Wieder zwei Wochen später: „Hast Du abgerechnet?" — „Nein, noch nicht!" Weitere vierzehn Tage: „Ich mach's gleich! Dräng doch nicht so!" Monate sind nun schon vergangen. „Hör' einmal, wann kommt denn endlich Deine Abrechnung? Jetzt ist's aber allerhöchste Eisenbahn!" — „Ja ... da sind 60 Mark ausgegeben ... ich weiß nicht, wo die geblieben sind." — „Aber, hast Du denn die Ausgaben nicht immer gleich aufgeschrieben?" — „Nein ... ich habe gedacht, das merke ich mir schon so ...“ War das Verantwortung? Geredet haben die Leute aber vielleicht alle schon viel davon! ...

Bei einem Treffen hat jemand offen und sachlich seine Meinung über einen Mißstand gesagt. Vielleicht ein bißchen scharf, aber es kam aus der besten Absicht und wurde ganz vernünftig aufgefaßt. Einige Tage später sehen sich zwei: „Hast Du schon gehört? Neulich hat der Kurt so heftig gesprochen. Es hat einen großen Krach gegeben.“ — „Warst Du dabei?“ — „Nein, der Fritz hat mir's erzählt.“ Eine Woche darauf in der Nachbarstadt: „Der? Nein! Neulich hat er ja seine eigene Gruppe so heruntergerissen, daß es eine Schande war!“ Ein paar Meilen weiter: „Den Kurt haben sie aus der Gruppe herausgeschmissen.“ — „Warum denn?“ — „Alle Augenblicke hat er gestänkert. Keiner hat mehr mit ihm arbeiten können.“ Der das hört, kennt nun zufällig den Kurt und trifft ihn einige Tage später. „Na, Du bist ja sehr vergnügt!“ — „Warum denn nicht?“ — „Ja, ich denke, Deine Leute haben Dich hinausgesetzt?“ — „Mich? Vergangenen Sonntag bin ich ja Leiter geworden!“ ... Das klingt spaßig, nicht wahr? Ist aber bitter ernst. Gib einmal darauf acht, was solch ein verantwortungsloses Geschwätz anrichtet. Wieviel Gemeinschaft zugrunde geht, wieviel gute Freundschaft, wieviel ehrliche Arbeit. Wie leichtfertig werden Gerüchte geglaubt, weitererzählt, wieder geglaubt! Da werden sie immer größer und wilder. Schadet nichts, geglaubt werden sie. Weißt Du, wenn irgendwo viel über Verantwortung geredet wird, so gibt es mancherlei Proben, um zu sehen, was daran ist. Aber die sicherste ist, wie es mit den Gerüchten steht. Gibt es wenig Gerede, wird es immer bald erledigt, sowie es auftaucht, dann ist Verantwortung da. Kommt aber ein Gerücht leicht auf, wird leicht geglaubt und weitergegeben, dann ist es mit der Verantwortung Schwindel ...

Einer liest viel, beschäftigt sich mit allerlei Fragen. Er selbst kann das vielleicht vertragen, weil er danach veranlagt ist. Er wirft aber auch immer wieder solche Sachen den anderen zwischen die Beine, bald über die Religion, bald über das Verhältnis zum Elternhaus, zu den Mädchen, zur Schule. Die andern werden mit den Fragen nicht fertig; sie sind nicht danach geartet, plagen sich, werden unruhig und verwirrt. Er aber macht sich gar kein Kopfzerbrechen darüber, was er anrichtet ... Es wird über ein Buch gesprochen. Er hat es gelesen. Wenn er ehrlich sein soll, so muß er sich sagen, daß es ihm nicht geholfen und manche unruhige Stunde gemacht hat. Was er da gelesen hat, drängt sich ihm immer wieder in den Sinn, stellt sich zwischen ihn und Gott, verleidet ihm die Arbeit, macht ihn reizbar und verdrossen. Trotzdem sagt er: „Ich kenn's! Sehr interessant!" Natürlich lesen es nun die andern auch und vielleicht kostet es manchen seinen inneren Frieden. Er hat aber schon mächtige Reden über Verantwortung gehalten ...

Der heilige Paulus sagt, wer sein Hauswesen nicht richtig zu führen weiß, taugt auch zu keinem Amt. Ist es hier nicht gerade so? Was soll man von einem Menschen halten, der Verantwortung haben will für Jugend und Kultur und Menschheit, nächstens auch für die auf dem Mars und Sirius, aber er läßt übernommene Verpflichtungen ruhig schwimmen, und was seine

Reden anrichten, ob er seinen Leuten unnötig das Herz in Verwirrung bringt, darum kümmert er sich nicht.

Wer mit der Verantwortung Ernst machen will, darf nicht beim Volk oder bei der Kultur anfangen. Solche Verantwortung bleibt Geschwätz. Dort muß er einsetzen, wo sie ihn unmittelbar angeht. Er soll sich klarmachen, wie seine Reden auf andere wirken. Er soll seine übernommenen Verpflichtungen gewissenhaft ausführen...

Gemeinschaft. Ein Wort voll Gewalt! Hast Du schon bei Dir bedacht, wie es mit der Gemeinschaft Ernst wird? Es gibt eine Gemeinschaft des Feiertags. Das sind die seltenen Stunden, da man fühlt, wie man im tiefsten eins ist. Doch auf solche Stunden kann man die Gemeinschaft nicht bauen; sie würde zerfallen, wenn der nüchterne Alltag kommt. Gerade im Alltag aber muß eine Gemeinschaft Bestand haben, sonst taugt sie nichts. Man kann sie nur auf das bauen, was alle Tage da ist: Auf den festen Willen, andere zu achten, mit anderen zu arbeiten, anderen zu helfen. Das kann man allezeit; kann es auch immer und von jedem verlangen. Die Erlebnisse der seltenen Stunden hingegen nicht. Diese Gemeinschaft im Alltag muß aber stets aufs neue erarbeitet werden.

Man sitzt zusammen und merkt, die Stimmung wird flau. Mit der Gemeinschaft ernst machen hieße nun, die Sache mit festem Willen durchreißen: Das Buch weiterlesen, das Gespräch voranführen, die Arbeit zu Ende bringen. Hat man sich so durch die lahme Stimmung durchgebissen, dann sind die Leute sich am Schluß vielleicht nähergekommen als durch die schönsten Erlebnisse... Ernst mit der Gemeinschaft machen heißt, daß man Übernommenes zu Ende führt, auch wenn es einem keine Freude mehr macht. Daß man sich gegenseitig hilft, auch im Alltag, auch wenn man keine Lust hat, auch solchen, denen man nicht besonders nahesteht, auch wenn es schwerfällt...

Auf einer Tagung reden einige prachtvoll über Gemeinschaft. Sie legen dar, wie wenig Gemeinschaftsgeist in der Welt sei, in Schule, Familie, Volk. Das müsse unbedingt anders werden. Eines Tages besucht man sie in ihrem Heim. Allerdings, die Gruppe ist wirklich ein Herz und eine Seele. Man trifft einen Bekannten: „Du, hier ist aber eine feine Gruppe! Die hält ja mächtig zusammen!" — „O ... schon! Aber den und den haben sie hinausgedrückt." — „Warum denn?" — „Sie können nicht mit ihm arbeiten." — „Hat er denn gestört?" „Durchaus nicht. Weißt Du ... sie wollten unter sich sein ..." Der Fall ist so unmöglich nicht; wie? Wäre das Gemeinschaft?

Anderswo sind ein paar, die halten so fest zusammen, daß sie schier eine Gruppe in der Gruppe bilden. Bei jeder Zusammenkunft, jeder Fahrt stecken sie beieinander und vernachlässigen die übrigen. Oder es sind welche drin, die werden von den anderen beiseite gelassen, so daß sie das Gefühl bekommen, sie seien eigentlich draußen ... Ist das Gemeinschaft? Klüngel sind's! Lieblosigkeiten! Was wäre denn ernste Gemeinschaft? Wenn eine Gruppe sich zusammenfindet, wie es für alle am besten ist, nicht aber wie es einzelnen paßt. Und nun geben die Leute sich redlich Mühe, einander zu achten, zu verstehen, sich zu helfen und zusammen zu arbeiten. Die Gruppe ist kein Freundschaftskreis, sondern eine Gemeinschaft der Arbeit, der

Treue und Zucht. „Liebe Zeit, das ist aber schwer!" sagt vielleicht mancher. Freilich, wenn wir aber die großen Reden über Gemeinschaft halten, meinen wir da etwas Leichtes? Dann kann es jeder Kegelklub, und ich sehe nicht ein, wozu die Reden. „Aber von einer solchen Gemeinschaft hat man doch nichts!" Darauf ist zu erwidern: Die Gemeinschaft ist keine gefühlvolle Sache, sondern ein Werk steter Selbstüberwindung. Da soll man in erster Linie gar nicht „etwas davon haben", sondern etwas leisten. Und der macht mit der Gemeinschaft Ernst, der nicht fragt: „Was bekomme ich", sondern: „Was habe ich zu geben?" Und wer diese Gemeinschaft übt, hat auch am Ende viel mehr davon, als von dem seeleneinigsten Kreise.

Volksgemeinschaft. Wieder eine große Sache! Daß die verschiedenen Schichten des Volkes sich zusammengehörig fühlen; daß die verschiedenen Berufe wissen, sie sind Teile des gleichen Ganzen; daß der Student mit dem Handwerker, der Gymnasiast mit dem Lehrjungen sich gleich empfinden, ja, darin steckt Großes. Wie wird es aber Ernst damit? Wenn jemand Volksgemeinschaft will, dann sind Schaffner und Verkäufer und Dienstmädchen Volksgenossen und er hat zu zeigen, ob er ihnen gegenüber den höflichen und natürlichen Ton findet, der den Volksgenossen gebührt... Volksgemeinschaft heißt, daß man überzeugt ist, Handarbeit habe ebenso ihren hohen eigenen Wert wie Kopfarbeit. Wo tritt sie uns aber täglich entgegen? Am allernächsten! In der Arbeit der Mutter. Volksgemeinschaft heißt also, daß man die Arbeit ehrt, welche die Mutter tut: Kochen, Waschen, Nähen, Putzen, Flicken. Das Reden über Volksgemeinschaft ist blind, solange man sich nicht fragt: Was leistet denn die Mutter daheim? Wieviel Stunden im Tag arbeitet sie denn? Was mag sie wohl dabei fühlen? Hat sie Feiertag? Ferien? Wird es ihr gedankt? Wird es überhaupt bemerkt? Oder nimmt man es selbstverständlich hin? Wie mag es wohl jemand zumute sein, wenn er so tagaus tagein schafft, damit die andern es gut haben, und alles wird hingenommen, als wäre es ganz selbstverständlich? Gegessen, in den reinlichen Zimmern herumgegangen, die sauber hergerichteten Kleider angezogen, und wenn etwas fehlt: Mutter, mach mir das! Mutter, gib mir jenes! Das zu bedenken und danach zu handeln, das ist Volksgemeinschaft! Das gleiche gilt von der Schwester zu Hause. Besonders für die Jungen ist dieses gesagt. Gilt auch von der Hausgehilfin. Hast Du einmal das Wort gehört von der „Schamlosigkeit des Sich-Bedienen-Lassens"? Denke das einmal durch, aber mit dem Innern. Über solche, die sich besser dünken als die handarbeitenden Stände, wird scharf geurteilt. Ebenso über die, welche von der Arbeit des andern leben. „Bourgeois" werden sie genannt. Haben wir es aber der Mutter, der Schwester zu Haus nicht ebenso gemacht? Der Hausgehilfin? Vielleicht gedankenlos, ohne Willen, aber doch tatsächlich genau so? Was könnte man jetzt tun? Wie könnte man zeigen, daß es mit der Volksgemeinschaft Ernst ist? Indem wir die Handarbeit zu Haus ehren und verstehen; immer bitten; für alles danken; Arbeit abzunehmen suchen; keine unnötige Arbeit verursachen; alles sauber halten und in Ordnung ... Da wäre viel zu tun. Und hier entscheidet es sich, ob die Volksgemeinschaft bloß ein Paukenwort ist oder aber Ernst.

„Ernst machen“ heißt nicht tönende Worte sprechen und sich in großen Forderungen überbieten. Ernst macht, wer die Aufgaben dort sieht, wo sie wirklich sind: Im täglichen Leben, in der nächsten Umgebung; wer diese Aufgaben entschlossen anpackt und Tag für Tag erfüllt.

Nun wäre eigentlich ein bestimmtes Ziel herauszunehmen, damit wir wüßten, was zu geschehen hat. Aber das geht hier nicht leicht. Dieser Brief ist wohl anders als die vorhergehenden. Bei denen hieß es am Schluß: „Also tun wir in Zukunft dies!“ Hier aber handelt es sich mehr darum, daß man sein ganzes Reden und Urteilen richtig stellt; daß alles Wollen und Sagen schlicht und wirklichkeitsnahe wird. Wer so tut, der gibt nicht sehr viel auf begeisterte Stimmungen, sondern achtet auf das Handeln. Er wirft nicht mehr mit großen Reformen um sich, sondern fragt, was man wirklich ausführen kann. Er kritisiert nicht mehr an anderen, sondern achtet erst darauf, wo es bei ihm selber fehlt. Er bekommt ein Mißtrauen gegen alle großen Worte, wie gegen Geldscheine, von denen man nicht weiß, ob sie echt sind.

Ja sieh, es ist zwar etwas Äußerliches, aber dies könnten wir für die nächste Zeit ins Auge fassen: Im Reden schlicht zu werden. Es gibt Menschen, wenn denen etwas gefällt, so sagen sie: „Es ist wunderbar.“ Geht es ihnen gegen den Strich, dann ist es gleich „scheußlich“. Stimmt etwas nicht, so ist „Gemeinheit“ im Spiel. Wenn es sich um eine soziale Frage handelt, so müssen gleich „tiefgreifende Änderungen“ vorgenommen werden und so fort. — Andere sagen bloß: „Das ist schön“; „das gefällt mir nicht“; „das ist nicht recht“; „das und das muß anders werden“. — Das Reden der Ersten macht einen gewissen Eindruck. Man nennt es wohl „unbedingt“, „entschieden“ und ähnlich. Aber trauen wird man unwillkürlich mehr den Zweiten. Man spürt, daß sie zuverlässiger sind, sie haben ein Gefühl dafür, daß jedes Wort sein Gewicht hat und wägen es danach. Sie wissen, daß Worte Wert haben und brauchen sie sparsam. Umso kostbarer aber und umso kraftvoller sind sie dann in ihrem Munde. Und dann: Reden und Handeln kommt aus dem gleichen Menschen. Wer viele große Worte redet, verpufft seine Kraft dorthinein, und für das Handeln bleibt nichts übrig. Wer aber die Worte spart, behält seine Kraft in sich, und ist Zeit zur Tat, dann steht er bereit. So sollen die großen Worte uns verdächtig sein. Alles, was nach Übertreibung klingt: „Sehr, unendlich, furchtbar, wundervoll, alles, immer“; daß „alles anders werden“ soll; dies oder jenes „ganz schlecht“ sei; dieser oder jener „eine große Gefahr“; eine Einrichtung „total verfehlt“ ... Zweifelhafte Münze! Wir wollen schlicht reden. „Eure Rede sei Ja für Ja, Nein für Nein“ hat der Herr gesagt. „Was darüber ist, ist vom Übel.“ Das gilt auch hier. Schlicht, ehrlich, echt. Dann kann auch der ganze Mensch dahinterstehen, die volle Tat, die wirkliche Treue. Und es wird eine Schule des Ernstmachens für alles übrige.

Zum Nachdenken: Verantwortung und Pünktlichkeit. — Verantwortung und Ehre des Nächsten. — Verantwortung und Verschwiegenheit. — Wahrhaftigkeit und Durchführung der Grundsätze. — Wahrhaftigkeit und Worthalten. — Treue und Schuldenmachen. — Gemeinschaft und andere für sich arbeiten lassen. — Brüderlichkeit und Hilfsbereitschaft. — Hilfsbereitschaft mit dem Mund oder mit dem Werk.

Fünfter Brief

VOM BETEN

Viel Not ist heute in der Welt. Vieles ist zerbrochen, was einst groß dastand. Jeder von uns hat Kostbares verloren. Jeden drückt Sorge. Und durch viel Schweres werden wir noch hindurchmüssen. Und doch, was wir durchleben, ist kein Untergang, sondern es geht aufwärts. Hierin scheiden sich die wahrhaft Jungen von den wirklich Alten. Die einen sehen nur, was zusammenbricht, und es ist ihnen das Ende. Die andern aber sagen: Es geht viel zugrund, damit Raum werde für Neues, und damit das Neue, das hervor will, sich in der Not bewähre. Viele gute Kräfte erwachen! Die bauen eine neue Welt auf, und niemand kann sie daran hindern, wenn sie nur treu sind. Das größte aber von all diesem Neuen ist, daß Gott den Seelen wieder wirklich wird.

Laß Dir einmal erzählen, wie es noch vor gar nicht so langer Zeit ausgesehen hat. Die Menschen des vorigen Jahrhunderts und auch noch am Anfang von diesem waren ein eigener Schlag. Man möchte sagen: Sie waren in sich selbst eingesperrt. Sie saßen in Häusern, Fabriken und Schreibstuben und sahen die große Welt draußen gar nicht recht. Natürlich gab es Ausnahmen, und ihrer wurden immer mehr. Aber bei den meisten war es doch so. Sie machten allerlei Ausflüge, aber heimisch waren sie unter den Bäumen und Tieren, auf Feldern und Bergen nicht. Es waren Stubenmenschen. Eine Mauer stand zwischen ihnen und den farbigen, lebendigen Dingen draußen. Dicke Bücher schrieben sie darüber, ob es überhaupt eine Welt gebe, oder ob nicht alles Schein und Täuschung sei! Ist das nicht seltsam, daß Menschen sich darauf besinnen, ob die hohe Buche dort mit ihrem edlen Stamm und ihren von gold-grünem Licht gefüllten Blättern auch wirklich sei? Ob es wirklich so etwas gebe wie den Fluß und das Meer? Es kostet ordentlich Mühe, wenn man sich da hineindenken will. Jene Menschen brachten es fertig, sich vor den Spiegel zu stellen und zu fragen, ob sie selber da seien! Wir dürfen nicht darüber lachen; es war schmerzlicher Ernst! Sie steckten so tief in ihren Begriffen und Rechnungen, daß sie an sich selber und an der Welt irre geworden sind. Sie meinten, nur das gebe es, was man beweisen kann. Nun kann man aber doch alle jene Dinge nicht beweisen! Die sieht man! Die fühlt man mit heißem Herzen! Sie aber trauten sich nicht, herzhaft in die Welt zu schauen. Sehr frostig war es damals und freudlos, trotz aller prahlenden „Kultur".

So gab es auch keine rechte Gemeinschaft. Die Menschen hatten kein lebendig aus dem Herzen brechendes Gefühl: Da steht ein Mensch, gerade so leibhaftig und lebendig wie ich selber. Ich bin froh, daß er da ist. Wir gehören zusammen! Jeder saß vielmehr in seinem Ich, wie ein Soldat auf Horchposten und spähte hinüber nach den anderen. Mancher wollte hin, wollte Gemeinschaft, und konnte nicht. Es stand etwas zwischen den Menschen. Ein Dichter jener Zeit hat einmal gesagt, jeder sei zur Einsamkeit verdammt. Jeder sitze im Kerker seines Ich; wohl tönten Stimmen von außen herein, aber er könne nicht hinaus zu ihnen.

Und wenn sie schon den Dingen nicht trauten und den Menschen, die man doch sehen und greifen kann, um wieviel weniger dem Unsichtbaren. Wer wissenschaftlich ernst genommen werden wollte, durfte nicht von einer Seele reden. Eine Seele gab es nicht; so redete man von der „Psyche". Das heißt zwar auf griechisch genau das gleiche; aber man meinte damit etwas Unbestimmtes, von dem niemand wußte, was es eigentlich sei. Und gar Gott! Wer von ihm sprach, und daß er an ihn glaube, wurde mit erstaunten Blicken angesehen. Und wie mühsam war das Glauben bei so manchem Gläubigen! Was viele sich unter Gott dachten, war etwas Blasses, Fernes; zuweilen war es nur ein Name, von einem leisen Feiergefühl umgeben. In meinen ersten Semestern auf der Universität — es war in Tübingen, — hörte ich einmal einen Schweizer Arzt vor Studenten über Christus, den Sohn Gottes reden. Was für eine seltsame Stimmung war im Saal! Die Leute saßen da, es widersprach ja keiner, aber jeder hatte das Gefühl: „Da vorn steht ein ernster Mann, der wissenschaftlich denkt, und spricht von Gott. Was ist das . . . ?"

Ja die Menschen waren in ihr eigenes Selbst eingesperrt. Schon die Welt war ihnen fragwürdig. Man sah sie gar nicht recht. Man plagte sich mit Begriffen und Rechnungen und spürte nicht, wie stark und wesenhaft die Dinge dastanden. Die Seele war etwas Fremdes, die eigene, und noch mehr die der anderen. Und Gott so fern! So war das innere Leben oft sehr arm. Viele brachten es gar nicht zum Glauben. Vielen war ihr Glauben etwas sehr Schweres, und wir müssen es bewundern, wie tapfer sie darum gerungen haben. Aber es kam der Umschwung. Der erste Anfang liegt schon weit zurück. Als die Jugendbewegung anhob, in den neunziger Jahren; als sie aus der Stadt in die reiche Wirklichkeit der Natur ausbrach, war das einer der ersten Vorboten der neuen Zeit. Der Jugend gingen die Augen auf: Da draußen sind herrliche Wirklichkeiten! Sie spürten, wie der Baum und der Berg und die Ebene sprachen. Sie strebten von den Stuben und Begriffen und Worten weg; sie wollten wieder zu den Dingen. Sie wollten die Wirklichkeit mit ihren harten Kanten und ihrer blühenden Fülle. Und das Wandern war ein Suchen nach ihr. Da ist es den Menschen wie Schuppen von den Augen gefallen. Sie haben wieder Sehen und Fühlen gelernt. Sie haben auf einmal mitten in einer Welt voll starker Wirklichkeiten gestanden. Weggeblasen war all der müde Zweifel, ob es das alles auch gebe. Sie haben die Seele entdeckt, haben sie lebendig in ihrer Brust gefühlt. Und wenn ihnen jemand gesagt hätte, was da drinnen so tief antworte auf das Brausen des Sturmes, was sich emporrecke auf den Höhen der Berge, das sei keine Seele, so hätten sie ihn für einen Narren angesehen. Und nicht nur die eigene Seele haben sie entdeckt, sondern auch die des andern. Auf der Fahrt, im Schützengraben, im Lazarett, in der Gefangenschaft. Und mit einem Mal war die Gemeinschaft da. Denn Gemeinschaft heißt ja nicht, daß viele Leute zusammengepackt sind, sondern daß Seele von Seele weiß.

Und Gott! Natürlich gibt es einen Gott! Es ist doch selbstverständlich, daß es einen gibt! Es ist ja unsinnig, kein Schöpfer habe all die Herrlichkeiten geschaffen! Kein unendlich Lebendiger sei da, von dem alles Leben ein Widerglanz ist; keine ewige Heimat warte auf unsere Seele; keine letzte Gemeinschaft gebe es, in der sich alles irdische Gemeinsamsein erfüllt! Es ist ja viel schwerer, im Ernst zu glauben, es gebe keinen Gott, als von seinem Dasein überzeugt zu sein! Gewiß, man kann ihn nicht sehen, nicht greifen; aber unser Verstand erkennt ihn mühelos, wenn Vorurteile ihn nicht hindern. Unser Wesen empfindet, daß er da ist, wenn wir uns nur richtig öffnen. Unser Herz weiß es.

Die Jugend hat mit neuen Augen die Welt geschaut und ist aufgebrochen, sie zu erobern: Sie ist auf Wanderschaft gegangen. Die Jugend ist der eigenen Seele inne geworden, der drüben im andern Menschen auch; hat erkannt, daß alle zusammengehören: So hat sie begonnen, Gemeinschaft aufzubauen. Ebenso spürt sie heute mit neuem Herzen, daß Gott da ist und geht aus, ihn zu erwerben. Wieder ringt der Mensch um Gott, wie einst Jakob mit dem Engel, und ist entschlossen: „Ich lasse Dich nicht, Du segnest mich denn!"

Wie aber heißt das Ringen um Gott? Das Arbeiten um ihn, das Rufen und Suchen und Eindringen? Viele Weisen und Namen hat es. Einer heißt: Beten. Das Wandern, die Gemeinschaft und das Gebet — spürst Du, wie das zusammengehört? Unaussprechlich tief gehört es zusammen! Denn ein und dasselbe ist es ja, was da treibt: Die Liebe. Die Liebe treibt ins große Draußen, macht weit in Schauen und Bewunderung. Die Liebe treibt zum andern Menschen und will, daß „alles gemeinsam sei". Und die letzte Liebe erhebt sich nach dem, der allen Lebens Fülle ist, groß, reich und gütig über alle Begriffe, nach Gott. Wandern kommt aus der Liebe, Gemeinschaft aus einer höheren Liebe. Aber ihre beste Kraft nimmt die Liebe zusammen, wenn sie sich nach Gott ausstreckt, wenn sie Gebet wird. Vom Beten wollen wir in diesem Briefe sprechen.

Betrachtet man es so, dann ist Beten eigentlich etwas Selbstverständliches, wie das Wandern, wie die Gemeinschaft. Aber manches in uns widerstrebt dem Gebet, und es ist gut, wenn wir uns das einmal recht klar machen. Beim Beten sollen wir ruhig werden und uns sammeln. Wir stecken aber tief in der Unrast, immer von einem zum andern. Wir leben im lauten Getriebe der Stadt, des Berufes. Da kann es sein, daß wir uns in der Stille des Gebetes nicht wohlfühlen. Uns ist dann, als verlören wir unsere Zeit. Wir merken nicht, wieviel in Wahrheit geschieht, wie Gottes Kraft in unsere Seele einströmt. Kaum haben wir angefangen, so treibt es wieder fort; dies und jenes fällt uns ein, und alles erscheint besonders dringlich. Beim Beten sprechen wir zum schweigenden, unsichtbaren Gott. Manche haben wohl ein lebendiges Empfinden, daß Gott da ist, andere aber nicht, oder nur ganz leise, unbestimmt. Sie sind an das Wahrnehmbare gewöhnt. Wenn sie mit einem reden, wollen sie ihn auch sehen und hören; tun sie etwas, dann soll es auch zu greifen sein. Die haben hier leicht das Gefühl, als redeten sie ins Leere, und das Gebet wird ihnen sehr mühsam. Beim Beten geht es in die Tiefe. Die scheuen wir aber; wir wollen auf der Oberfläche bleiben, da kennen wir uns aus, da ist es bunt und voll Abwechslung. In der Tiefe ist es ernst. Man weiß nicht, was man da trifft, und der Weg dorthin ist beschwerlich. So fliehen wir das Beten, laufen lieber herum, reden und betreiben Geschäfte. Dazu noch etwas anderes: Im Gebet kommt man näher an sich selbst heran. Man sieht sich klarer; man fühlt deutlicher, wie unzulänglich alles ist. Nun wollen wir gewiß Wahrheit, und doch schreckt etwas in uns davor zurück, sich selbst ins Auge zu schauen: Schwäche, Feigheit, Schuld. Auch ist die Seele nicht immer spannkräftig. Zu Zeiten ist sie müde, leer, kalt. Nicht immer sagt die Religion ihr etwas. Da weiß sie nicht, was sie im Gebet anfangen soll. Alles kommt ihr nichtssagend oder widerwärtig vor. Endlich, und damit kommen wir ans Tiefste: Beim Beten treten wir ins Übernatürliche, in den Bereich der Gnade. Und das ist mehr, als jenes allgemeine religiöse Empfinden, das uns aus dem Natürlichen kommt. Es ist noch etwas anderes, als das unwillkürliche Ahnen der Wirklichkeit Gottes, von dem wir schon sprachen, das in dieser Zeit stärker sein kann als in jener; in diesem Menschen deutlicher als in jenem andern. Hier geht es vielmehr um etwas, was aus der Offenbarung kommt; aus dem Wort und Vorbild Christi, aus der Gnade. Nun ist es seltsam: Unser ganzes Wesen ruft danach und doch widerstrebt etwas in uns. Wir fühlen zuweilen das Reich der Gnade wie etwas Fremdes, Drückendes. Es ist uns, als sollten wir davon weg in frischen Wald, in kraftvoll lebendige Natur, in starke Arbeit, in die Welt mit ihrer Größe.

Das Beten ist eigentlich etwas Selbstverständliches und ist es doch wieder gar nicht. Die Seele kann es von Natur, wie die Brust atmet und das Herz klopft, und doch sperrt sie sich dagegen. Also müssen wir das Beten lernen. Das leuchtet vielleicht fürs erste gar nicht ein. Wir meinen, das rechte Gebet müsse von selber kommen, wie die Quelle aus dem Erdreich. Nur was von selbst hervorspringt, sei gut, alles übrige aber eine gekünstelte Sache. — Gewiß, wer in einem lebendigen Verkehr mit Gott steht, der hat, was er braucht. Aber viele möchten beten, und wissen nicht recht, wie. Und selbst jenen anderen ist es gut, wenn sie das, was sie aus innerem Drange tun, noch klarer üben lernen. Wieviel Mühe geben sich Gläubige heidnischer Religionen mit ihren Gebetsübungen. Da müssen wir uns schämen, daß wir unsere Seele so verwildern lassen. Stümper sind wir im Gebet, gestehen wir es uns nur ein. Und hinter jenen Reden, das Gebet müsse natürlich und ursprünglich sein, versteckt sich oft ein gut Stück Trägheit. So wollen wir einmal von dem täglichen Gebet sprechen. Dabei wird auch klar werden, was überhaupt Beten heißt.

Das Morgengebet ist eine Erneuerung aus Gott. Wenn der Mensch aus dem dunklen Schlaf zum hellen Dasein erwacht, so ist das ein Geschehnis gleich dem, da der Herr ihn schuf. Der Schlaf hat ihn erquickt; mit klaren Augen schaut er auf Gott und fühlt, wie groß der ist. Er erneuert sich in seiner Treue gegen den Herrn und wendet sich mit frischem Herzen zu seinem Werk in den kommenden Tag: „Herr, ich stehe vor Dir. Von Dir komme ich; Du hast mich geschaffen. Ich bete Dich an, aus ganzer Seele. Ich will leben, um Deine Sendung zu erfüllen. Durchdringe mich mit Deiner Gnade. Du hast mich geschaffen; schaffe mich neu. Rufe meine Kräfte zu Deinem Dienst. Was ich heute tue, laß gut werden. Gib, daß dieser Tag Dir wohlgefalle, auf daß Du heute abend sprechen kannst, wie am Abend Deiner Schöpfung: Es ist gut."

Der Heilige Geist, den uns der Herr gesandt hat, ist unser Lehrer, Führer und Freund: „Geist Jesu, Geist der Glut, des Lichtes und der Freude, einst hast Du am Pfingstfest die Jünger zu Christen gemacht. Hell leuchtete in ihnen Christi Wahrheit, seine Liebe brannte in ihren Herzen, und in Deiner Kraft haben sie die Welt bezwungen. Komm zu mir. Mache mein Gewissen klar, daß ich sehe, was ich soll, auch in den Wirrnissen des täglichen Lebens. Mache mein Herz großmütig und stark, damit ich freudig Gottes Werk schaffe. Dir ist Christi Reich übergeben. Seine Wahrheit lehrest Du. Seine Gnade spendest Du. Seine Gebote verkündest Du. O öffne meine Augen, daß ich den Herrn sehe! Laß mich erkennen, wer Jesus ist und was er von mir will."

Den Heiland wollen wir mit aufrichtigem Herzen suchen. Das entscheidet alles, wenn uns aufgeht, wer Christus ist. Wenn wir inne werden: „Er ist für mich gekommen; ich gehöre zu ihm; er ist mein Heil." „Herr Jesus Christus, einst bist Du gekommen und hast die Menschen gerufen, daß sie Dir nachfolgen sollten. Ich weiß so wenig von Dir. Tritt vor meine Seele. Tu meine Augen auf, daß ich sehe, wer Du bist. Öffne mein Ohr, damit Deine Worte eindringen. Rufe mein Herz, daß es erwache und Dir nachfolge. Ich will Dein Jünger sein, Herr, rufe mich. Ich will mit Dir gehen und für Dich arbeiten."

Das Ziel unseres Lebensweges ist der Vater. Alles kommt von ihm. Alles geht zu ihm. Zu ihm will der Heiland uns führen. „Ich bin der Weg" hat er gesagt, der Weg zum Vater, der in unendlicher Hoheit thront, über allen Sinn seine Macht, alles umfangend seine Liebe. Auf den soll unser Leben gerichtet sein, wie wenn auf der Fahrt der Blick dem Gipfel zugewandt ist, dem es gilt. Bei ihm ist die letzte Erfüllung, der Friede. „Ewiger Vater, alles kommt von Dir, alles geht zu Dir. Vater, im Innersten meines Herzens ziehe mich zu Dir, in Deine Höhe, über alles Niedrige hinaus. Rufe mich aus all dem Vergänglichen in Deine Ewigkeit. Bei Dir ist das Licht, die Fülle des Lebens und die Heimat. Vater, alles ist in Deiner Hand. Ich vertraue Dir. Deiner Vorsehung übergebe ich all die Meinen und mich und mein Werk. Großer, ewiger König, Dein Wille soll getan werden. Dein Reich soll wachsen auch durch mich. Was ich heute bin, und tue, und was mir geschieht, soll Dich verherrlichen und für Dein Reich wirken."

Bete das Vaterunser; aber wäge die Worte. Es ist das „Gebet des Herrn".

Die heiligste Dreifaltigkeit wollen wir ehren, den einigen Gott. Sie ist das Geheimnis aller Geheimnisse, der Inbegriff aller Herrlichkeit. „Heiligste Dreifaltigkeit, Du bist über alles Denken und Begreifen. Du bist die Fülle der Wahrheit, Du der Ursprung der Liebe, Du die unendliche Schönheit. Du bist das Leben, Du die Gemeinschaft, o selige Dreieinigkeit! Ich neige mich vor Dir. Ich bete Dich an. Dein ist die Macht und die Ehre und die Herrlichkeit. Amen!"

Immer wieder spricht die Kirche von Maria, der Mutter unseres Herrn. Sie ist in Wahrheit das holdeste Geheimnis unseres Glaubens. Die Jungfrau, die unberührte, königliche. Die Mutter, die uns den Heiland geboren. Die so unaussprechliches Leid gelitten hat und alles Leid versteht; die Starke, Zarte, und ihre Seele ein Abgrund des Schmerzes und der Liebe. Warum weist die Kirche uns an sie? Warum haben alle sie geliebt, denen voller aufgegangen ist, was Christsein heißt? Wem sie im Gemüte wohnt, dem hütet sie das Tiefste seiner Seele, jenes unaussprechliche Letzte, das den Menschen vom Niedrigen trennt. Das Keusche,

Adelige des Herzens; das hütet Unsere liebe Frau dem, der ihr treu bleibt.

„Ich grüße Dich, Jungfrau, Mutter meines Herrn, in Liebe und Freude. Du bist unser durch alles Leid, das Du gelitten, denn es war um unseren Erlöser. Du bist unser durch Deine Herrlichkeit, denn unseretwegen hast Du sie empfangen. Und unsere Mutter bist Du, weil Du die Mutter Jesu bist, unseres göttlichen Herrn und Bruders. Stehe mir im Gemüte mit Deiner milden Klarheit, Du Stern Gottes. Hüte mir die Seele. Mache mich zu Gottes Ritter. Zu Gottes Magd."

Noch ein Wort vom Schutzengel. Er ist aus der Ewigkeit zu Dir getreten, als Du zum Kinde Gottes wiedergeboren wurdest. Er geht mit Dir durch Dein Leben und tritt einst mit Dir vor Gottes Gericht. Denke ihn nicht als ein schwächliches Wesen, wie ihn so manches Bild zeigt. Er ist ein gewaltiger Geist, rein wie die Glut der Sonne, unbestechlich klar seine Erkenntnis, unbezwinglich sein Wille. Er ist Dein unsichtbarer Gefährte, Dein lebendiges Gewissen. Er spricht Dir Gottes Forderung in die Seele, daß Du werdest, was er will. „Heilig, heilig, heilig bist Du, Herr der Heerscharen", rufen die Engel dem Ewigen zu. Und einen Widerhall davon in unser Gewissen: „Heilig sollst Du werden, Kind Gottes." „Mein Engel, ich grüße Dich. Du bist mein Gefährte auf dem Weg zu Gott. Du weißt, was er von mir verlangt. Sprich mir ins Herz, warne mich, rufe mich!"

Und nun wende Dich dem Tage zu. „In Gottes Namen fang ich an. Ich bin bereit zu allem, was er fordert. Besonders will ich ... (denke an das, was Du Dir aus der Arbeit der Selbstbildung heraus besonders vorgenommen hast). Ich will es froh tun, denn es ist herrlich, für Gott zu schaffen. Und in Zuversicht, denn er ist mit mir. Ich kann, was er will. Es segne mich der allmächtige Gott, der Vater, der Sohn und der Heilige Geist." Wenn Du so von Gott her in den Tag schreitest, dann kommst Du von der Quelle der Kraft.

Der ganze Tag soll zu Gott aufstreben. Der erste Gedanke soll ihm gehören, der „Erstling des Tages". Es ist nicht schwer. Wenn Du Dir abends sagst: „Morgen ist mein erster Gedanke bei Gott", dann geschieht es. „Ehre sei Dir, Herr!" Im Laufe des Tages sammle Dich von Zeit zu Zeit, lies den ersten Brief noch einmal durch; was dort steht, gehört auch hierher. „Was will Gott jetzt? Gern, Herr! Mit Dir, für Dich!" Besonders vor größeren Arbeiten, in schwierigen Augenblicken wende Dich kurz an Gott. Es macht den Blick klar, den Willen stark, und was getan wird, kommt von Gott her.

Wichtig ist auch das Tischgebet. Sind wir zu Hause, so richten wir uns natürlich nach dem Brauch. Beten die Eltern nicht, dann tun wir es still für uns, daß keiner es merkt. Den Lehrmeister wollen wir nicht spielen. Warum beten wir bei Tisch? Wir leben aus Gottes Hand; vor der Mahlzeit können wir uns besonders darauf besinnen. Denn wohl bereitet die Mutter die Speisen, und der Vater hat sie verdient. Zuletzt aber kommen sie doch von Gott, wie alles. Darum wollen wir nicht gedankenlos zugreifen, als verstünde es sich von selbst, sondern aus Seiner Hand die Speise empfangen. Das geschieht, wenn wir beten.

Wir sitzen an Gottes Tisch. Heilige Tischgemeinschaft haben wir mit Ihm.

Vor dem Essen: „Segne uns, Herr, und diese Gaben, die wir von Deiner Güte nun empfangen wollen, durch Christus unsern Herrn.“ Und nachher: „Wir danken Dir, o Herr, für alle Gaben, die wir von Deiner Güte nun empfangen haben, durch Christus unsern Herrn. Zum Gastmahl des ewigen Lebens führe uns der König der Herrlichkeit.“

Der Morgen hat das Leben neu begonnen. Wir sind aus dem Schlafe aufgestanden, wie wir einst aus Gottes Hand ins Dasein traten. Schön ist das, dieses stete Neu-Anfangen. Soviel am vergangenen Tage auch mißglückt ist, wir beginnen mit neuer Zuversicht. Am Abend ist es anders.

Der Tag geht zu Ende. Wir denken an das Zu-Ende-Gehen, an den Tod. Und wenn wir es auch nicht bewußt tun; unsere Seele fühlt dorthin. Es wird still. Der Mensch rüstet sich, in das Schweigen des Schlafes einzugehen, wie er einst die Augen für immer schließen soll. Aber der Christ darf den Tod nicht fürchten. Der Heiland hat ihn überwunden. „Tod, wo ist Dein Stachel?“ Und jubelnd ruft es zurück: „Der Tod ist verschlungen in den Sieg!“ Durch Christus ist er nicht Ende, sondern Anfang; Heimgang und Vollendung. Der Tod ist der große Prüfer. Was unecht am Menschen war, geht in der Probe zugrunde. Das Wesenhafte aber besteht. Unsere Vorfahren haben oft von der hohen „Kunst des Sterbens“ gesprochen. In Wahrheit war es ihnen die hohe Kunst des Lebens. Sie verstehen, hieß ein solches Leben führen, daß es die Probe des Todes bestand. So ganz lebendig werden, so ganz aus dem Bilde, wie Gott uns will, daß nichts mehr dem Tod verfallen war. Da ist denn freilich das Sterben der Eingang zur Vollendung. Darum dachten sie auch oft daran. Das rechte Sterben war ihnen der Maßstab für rechtes Leben. Wenn sie an sich selbst die Frage stellten: „Besteht das vor dem Tode, was Du jetzt tust?", so war das allemal eine starke Probe. Der Mensch nahm sich zusammen und schuf sein Werk reiner und aufrichtiger. Der Abend ist so recht die Stunde, da man sein Leben prüfen soll. Morgengebet ist Anfang aus Gott; Abendgebet ist Beschluß in Gott. Der Mensch tritt vor ihn und trägt den vergangenen Tag in sein Licht. Da ist es das erste, daß wir uns innerlich still machen. Weg mit allen Gedanken, allen Sorgen und Plänen. Still und allein mit Gott.

„Herr, der Tag ist vergangen. Ich stehe vor Dir." — Überschaue den Tag, was er gebracht hat, Alltägliches, Frohes, Schweres. „Vater, alles ist von Dir gekommen, und darum war alles gut. Ich vertraue auf Dich, in allem. Und für alles danke ich Dir." — Mache ernst damit. In diesem Vertrauen und in diesem Dank soll sich alles lösen. Der Tag mag noch so schwer gewesen sein, voll Enttäuschung und Mißerfolg. Die Sorgen für die Zukunft mögen noch so groß sein, laß keine Bitterkeit, kein Mißtrauen, keine Auflehnung mehr übrig bleiben. Alles soll sich lösen in das Vertrauen und in den Dank. „Und nun zeige mir, Herr, was der heutige Tag vor Dir wert gewesen ist." — Prüfe den Tag: Ob Du es aufrichtig gemeint; ob Du Dir Mühe gegeben und auch wirklich im einzelnen Ernst zu machen versucht hast; ob Du nachlässig, träge gewesen bist; ob Du Dir etwas vorzuwerfen hast vor allem wider den besonderen Vorsatz. Mache Dir klar, was unrecht war. Es ist wider Gott gegangen, wider das Gute. Es hat die Gemeinschaft mit ihm getrübt und das Gottesreich in der Seele gestört. Sage Dich aufrichtig los davon. „Herr, ich bekenne, daß ich hierin gefehlt habe, es war nicht recht, ich gebe mich schuldig. Ich habe wider deine heilige Gegenwart gehandelt; wider die heilige Gemeinschaft zwischen Dir und mir. Ich bereue es. Vergib mir. Ich will, wie Du willst, aufrichtig, denn so ist es recht.“ —

Und nun vertraue ihm alles an. Er ist der Vater. Seine Vorsehung umfaßt alles; kein Haar fällt vom Haupte, ohne daß er weiß, warum. Zweifle nicht an seiner Weisheit. Wir können Gottes Führungen nicht verstehen. „Soweit der Himmel ist über der Erde, soweit sind meine Gedanken über den euern“ hat er gesagt. Vertraue ihm ganz, ohne Rückhalt. „Vater, Dir vertraue ich alles an ... meine Arbeiten ... meinen Beruf ... meine Sorgen ... alle Menschen, die mir nahestehen ...“ — Sag ihm, was Dir am Herzen liegt, denn „viel vermag das beharrliche Gebet dessen, der es recht meint. „Herr, soviel Not ist in der Welt. Ich befehle Dir alle Armen, alle Kranken und Ratlosen: Alle, die Leid tragen. Ziehe die Herzen an Dich. Laß Deine Wahrheit in ihnen aufgehen. Die Suchenden geleite. Die Irrenden führe heim. O Herr, Du bist die allmächtige Wahrheit und Liebe ohne Ende, ziehe alles an Dich, was fern von Dir ist. Uns alle; immer näher zu Dir. Tu den Menschen die Augen auf, daß sie die Wahrheit erkennen. Lehre sie das Gute wollen und freudig darum ringen. Gib, daß sie sich als Brüder und Schwestern erkennen. Aus eigener Kraft wirken wir den Frieden nicht. Laß Du ihn erst in unseren Herzen aufgehen, dann kann er auch die Völker verbinden. Führe alle Menschen zusammen in der Einheit des Glaubens, damit ein Reich sei, eine Gemeinschaft aller in Dir. Ich befehle Dir alle Heimgegangenen. Nimm sie auf in Deinen Frieden."

Vergiß auch die Gemeinschaft nicht, in der Du stehst; auch sie lebt aus Gott. „Herr, führe Du unser Leben. Mache uns frei von Selbstsucht, Überhebung und großen Worten. Gib uns klaren Blick, daß wir sehen, worauf es ankommt. Gib uns festen Willen, daß wir es in täglicher Arbeit ausführen. Laß unsere Gemeinschaft wahr werden in Treue und Hilfsbereitschaft. Gib uns das rechte Geschwistertum. Nimm alle Täuschungen von ihm; laß es lauter sein und voll starker Zucht. Lehre uns in Freiheit denen gehorchen, die von Dir Gewalt tragen. Lehre uns Deiner schönen Welt froh werden, aber genügsam sein und frei von Gier und Genußsucht. Lehre uns fröhlich schaffen, aber Dein Wille soll uns über jedes Werk gehen. Uns alle segne der allmächtige Gott, der Vater und der Sohn und der Heilige Geist!"

Das alles bedeutet nicht, daß Du es genau so machen müßtest. Es soll nur zum Bewußtsein bringen, was alles im Gebet enthalten sein kann, und ein Beispiel geben, wie man es etwa machen könnte. Du magst das Ganze nehmen, oder auch nur eines oder das andere, wie es Dir eben zusagt. Sind Dir andere Gebete lieber, dann bleib natürlich bei ihnen. Hier kann man überhaupt keine Vorschriften machen. Wenn Du nur das, was Du tust, in rechtem Geiste und mit rechter Gesinnung tust. Was hier steht, ist auch nur der Anfang.

Lernen wir aber dies, dann öffnet sich von selbst der Weg, der voran führt. Je größer uns Gott wird, je besser wir lernen, alles was uns angeht, zu ihm zu tragen, bei ihm zu bedenken, von ihm aus zu beurteilen und anzufassen, desto tiefer dringen wir in das Geheimnis des Gebetes ein. Beten heißt mit Gott leben. Wir lernen immer mehr, aus unserem Eigenen zu ihm zu sprechen. Immer einfacher, stiller, tiefer drinnen und zugleich immer reicher wird unser Gebet, und immer voller strömt unser Sein hinein.

Nun noch etwas über die eigentliche Kunst des Betens. Manche meinen, es gehe von selbst, und wollen von keiner Übung wissen. Aber sie täuschen sich. Vor allem gehört zum rechten Beten, daß wir es regelmäßig tun. Also nicht nur, wenn das Herz einen drängt. Die Seele lebt aus dem Gebet. Aber alles Leben will Regel und Wiederkehr, will Rhythmus. Was ist Rhythmus? Er bedeutet, daß in regelmäßiger Folge etwas kommt und geht und wiederkehrt. So wird es Morgen, der Tag steigt, er neigt sich wieder, die Nacht beginnt; dann erhebt sich der Tag von neuem, wieder folgt die Nacht, und so fort. Das ist der Rhythmus des Lichtes. Oder der im Wechsel der Jahreszeiten: Der blühenden, reifenden, fruchttragenden und der ruhenden Zeit. Auch in uns selbst ist Rhythmus. Denk an das Klopfen des Herzens, wenn es sich dehnt und wieder zusammenzieht. Denk an die Bewegungen der Brust in Einatmen und Ausatmen, an das Schlafen und Wachen. Das ist unser Rhythmus. Und es gibt noch viel mannigfaltigere, wunderbarere im Leben des Leibes und der Seele. Gerade in unserer Zeit achtet man besonders darauf.

Alles Leben will solche Wiederkehr. Es braucht Wechsel, damit mannigfaltige Kräfte wirksam werden, sonst verödet es. Es braucht zuverlässige Regel, damit es sich nicht im Ungewissen verliert. Rhythmus ist Wechsel und Wiederkehr. Darin wächst das Leben. Darin wächst die Gestalt. Darin entfaltet sich das Tun und Schaffen, auch das der Seele. Das gilt ebenso vom Beten. Auch es braucht Rhythmus. Wir dürfen es nicht verwildern lassen. Viele reden von schöpferischer Freiheit des Herzens und daß man im religiösen Leben nichts zwingen dürfe; dabei ist es in Wahrheit oft nur Trägheit und Zuchtlosigkeit. Rechtes Beten braucht Ordnung. Es muß also regelmäßig geschehen. Jeden Morgen und jeden Abend, bei Tisch und zwischenhinein in den Tag. Die Seele muß sich darauf verlassen können, auch wenn wir keine Lust haben, auch wenn wir müde sind. Das mag zuweilen mühsam sein, aber es stählt. Es macht uns immer unabhängiger vom Schwanken der Stimmungen. Daraus soll kein engherziger Zwang werden. Am Morgen kann die Zeit ohne unsere Schuld knapp sein, dann machen wir unser Gebet kurz, dafür aber umso ernster. Ebenso, wenn wir abends sehr müde sind. Aber nicht weichlich werden und sich leicht für entschuldigt halten ...

Es kann auch sein, daß man überhaupt kein Gebet fertig bringt. Zuweilen ist man stumpf, oder innerlich unruhig, hat ein übermächtiges Erlebnis hinter sich, hat irgendeine bittere Niederlage erlebt, oder kommt sich so unwert vor, daß ein ehrliches Gebet einfach nicht zustande kommt. Dann wollen wir vor Gott treten und es ihm sagen: „Ich kann nicht. Du weißt es!" Und geht auch das nicht, so wollen wir wissen, daß wir eigentlich beten sollten. Wir stehen eine kurze Weile vor Gott, schweigend, innerlich und äußerlich. Und dann: „Ich will voran. Morgen komm ich wieder!“ Dann war das auch ein Gebet.

Ferner: Die Heilige Schrift mahnt: „Wenn Du betest, so bereite Dein Herz und sei nicht wie ein Mensch, der Gott versucht.“ Das ist wichtig. Man kann geradezu sagen: das Gebet wird so, wie die Vorbereitung war. Vor allem nicht gleich beginnen. Wenn Du etwas schreiben willst, so gehst Du auch nicht sofort darauf los, sondern sammelst Dich erst. Und das Gebet soll gleich vor sich gehen? In welchem inneren Zustande kommst Du? Erregt, vielleicht ärgerlich, tausend Gedanken im Kopf, Pläne und Sorgen im Sinn für den nächsten Tag. — Kannst Du da beten? Suche die rechte Haltung, laß Dich innerlich ganz zur Ruhe kommen. Du bist gespannt, erregt, das alles laß sich lösen, ganz ruhig werden. Unsere Unrast will immer weiter fort zu neuer Tätigkeit. Sage Dir: „Jetzt bleibe ich hier. Mit meiner vollen Aufmerksamkeit. Will ganz bei der Sache sein. Gott ist hier gegenwärtig; der lebendige Gott; der große, gütige. Er hört mich, sieht mich. Ich will bei ihm sein. All meine Gedanken bei ihm“ ... Jetzt erst bist Du so weit, daß Du anfangen kannst. Nun mache das Kreuzzeichen, langsam, mit Hand und Sinn; groß, von der Stirn zur Brust, von Schulter zu Schulter. Es sammelt und heiligt ... In dieser Sammlung halte Dich. Bete andächtig. Es muß nicht viel sein. „Kurz und lauter sei das Gebet“, hat der heilige Benedikt in seiner Regel gesagt. „Kurz“, das heißt so viel, als Du bei gutem Willen auch „wirklich“ andächtig beten kannst. Und „lauter“

heißt: Richtig gebetet, von Herzen. Dazu mußt Du den Sinn der Worte bedenken; Dein Inneres hineingeben. Schweifen die Gedanken ab, dann halte ein und sammle Dich wieder...

Und bist Du fertig, so laufe nicht gleich weg. Wenn Du mit einem Freunde über eine wichtige Sache gesprochen hast, dann stürzest Du auch nicht ohne weiteres zum nächsten. Es wäre ein Zeichen, daß die Sache Dir nicht tief gegangen ist. Unwillkürlich bleibst Du eine Weile still, sinnst nach, läßt ausklingen. So auch im Gebet. Du hast mit Gott gesprochen, also verweile noch einen Augenblick und laß ausklingen. Dann auf und ans Werk!....

Vielleicht meint einer, das dauere zu lange. Aber wieviel Zeit verschwätzt er im Tag? Wieviel verbummelt er? Wieviel vertut er mit wertloser Leserei? Und da will er Minuten sparen, wenn es gilt, in der rechten Weise mit Gott zu sprechen? Er soll ein wenig früher aufstehen, dann hat er Zeit genug...

Auch auf das Äußere achte. Wenn jemand vor dem Beten rasch an sich hinuntersähe, ob er in Ordnung ist; würde sich, wenn nötig, die Hände waschen — wären das bloß Äußerlichkeiten? Es wäre ein Zeichen, daß er Respekt hat vor Gott! Und sage nicht: „Wir wollen im Geist und in der Wahrheit beten. Was liegt daran, ob man mit ungewaschenen Händen und unsauberen Stiefeln kommt?" Wir sind Menschen, Leib und Seele. Gewiß, wenn man Gott innerlich nahe kommt, versinkt einem das Äußere. Gewiß darf man Äußerem nie zu großen Wert geben. Und vollends wertlos ist es, wenn das Innere darüber vernachlässigt wird. Aber beides hängt zusammen. Sind wir äußerlich unordentlich, dann färbt das auch auf die Seele ab. Nimmt einer sich aber äußerlich zusammen, dann ist es ein Zeichen innerer Ehrfurcht und wirkt nach innen. „Wir wollen so vor Gott stehen, daß unsere Haltung unseren Worten entspreche", sagt ein Meister des Gebetes, der heilige Benedikt. Er hat den Menschen gekannt. Trittst Du vor Gott, so sieh zu, daß Du reinlich und ordentlich daherkommst ...

Dann: Nicht sitzen, oder gar liegen, es sei denn, Du wärst krank. Gewiß, man kann in jeder Stellung beten, aber jede wirkt auf die Seele ein. Ist der Leib lässig, so wird die Seele es leicht auch. Wir wollen knien oder stehen. Knien drückt Demut und Ehrfurcht vor dem unendlichen Gott aus. Wir verzichten da auf die selbstsichere Größe unserer Gestalt. Stehen drückt die freudige, starke Bereitschaft aus. Die ersten Christen beteten gern stehend. Beides ist schön ... Auch die Hände halte recht. Nach dem Antlitz ist die Hand der geistigste Teil des Körpers. Die Seele spricht unmittelbar aus ihr, auch ihrem feinen und doch festen Bau, aus ihren ausdrucksvollen Bewegungen. Läßt einer die Hände schlapp hängen, so ist wahrscheinlich auch sein Geist schlaff. Faltet er sie nachlässig, dann zeigt er, daß ihm am Gebet nichts liegt. Halten wir sie recht. Die Hand hat ihre eigene Sprache. Fühle Dich einmal hinein ...

Das Kreuzzeichen mache recht. Es ist das Zeichen des Heiles. Es umfaßt Dich ganz, von der Stirn zur Brust, von der Schulter zur Schulter. Es weiht und sammelt. Mach es groß, langsam und nachdenklich. Dann fühlst Du, wie stark es ist.

Das alles scheint Dir vielleicht ein wenig vielerlei. Hast Du es aber eine Weile geübt, dann kannst Du gar nicht mehr anders. Sind es doch im Grunde lauter Selbstverständlichkeiten.

Nun noch ein Wort über Gebete und Gebetbücher. Man kann darüber keine Vorschriften machen. Nimm, was Dir gemäß ist. Hast Du keine geprägten Gebete nötig, so laß sie. Tun sie Dir gut, so brauche sie. Manche freilich brauchen wir alle, das Vaterunser zum Beispiel. Im übrigen kommt es nur auf eines an: Daß unser Beten lauter sei. Daß wir ehrlich aussprechen können, was wir sagen. Zu „erleben" brauchen wir dabei nichts, aber unser Sinn muß ehrlich bei der Sache sein. Andererseits dürfen wir auch nicht vergessen: Gute Gebete haben eine wichtige Aufgabe, sie sollen uns innerlich erziehen. Sie stammen aus Gottes Wort; oder von heiligen Menschen. Wenn wir sie sprechen, dann fügen wir unsere Seele in sie hinein. So bilden sie unser Denken und Sprechen, die Gesinnung und die ganze innere Haltung. Es wäre vielleicht töricht, zu sagen, wir brauchten sie nicht. Zum Herrn kamen einst die Jünger und baten: „Herr, lehre uns beten", und er hat sie das Vaterunser gelehrt. So brauchen auch wir eine Lehre des Gebetes, und die steckt in den starken Gebeten, die uns von Kind auf vertraut sind. Das Gebet des Herrn gehört dazu, der Englische Gruß, das Glaubensbekenntnis, die „göttlichen Tugenden", das „Magnifikat", das „Gloria" aus der heiligen Messe, und noch andere. Auch viele Lieder aus dem Gesangbuch sind lauteres Gebet. Dabei ist das Schöne, daß man immer solche nehmen kann, die gerade der Zeit des Kirchenjahres entsprechen. So kommt eine reiche Mannigfaltigkeit ins Gebet; man lebt den

Wechsel des geistlichen Jahres mit. Von Gebetbüchern gilt das gleiche. Es gibt süßliche und übertriebene. Die können wir nicht brauchen. Aber es gibt auch gute, die einem zur Schule des Gebetes werden können.

Wenn man das alles so betrachtet, dann kommt einem zum Bewußtsein, welch hohe Sache das Beten ist. „Werk Gottes" hat es der heilige Benedikt genannt. Darin geschehen wahrlich Gottes Werke. Seine Gnade strömt in die Seele, macht sie klar, gutgewillt und läßt sie im Wesentlichen erstarken. Und es hat eine große Macht. Darüber können wir hier nicht mehr reden, wir müssen schließen. Aber was aus einem Leben wird, hängt zum guten Teil davon ab, wie dieser Mensch betet, und wie andere es für ihn tun. Große Werke sind immer vom Gebet getragen.

Sechster Brief

VOM RITTERLICHEN MANNE

Wir suchen und wollen das große Neue: Den neuen Menschen. Aber der Gedanke des neuen Menschen sagt noch nicht alles, wir wollen den neuen Mann und die neue Frau. Dazu aber muß der junge Mensch sich selber auf den Weg machen, der Junge für sich und auch das Mädchen für sich. Jedes von ihnen muß ganz allein, vom andern unbeeinflußt, in sein eigenes Wesen hineinhorchen.

Für den Bereich des Jungen ist da zunächst eines wichtig: Das ritterliche Spiel. Das ist etwas ganz anderes als der „Sport". Das Wort steht in Anführungszeichen. Ich meine damit das unerfreuliche Wesen, das sich auf Sportplätzen und in Klubs, in matches und trainings breitmacht; das überall in den Sportzeitungen in Sprache und Gesichtern, in Meisterschaftsbegeisterung und was allem noch deutlich wird. Dieser „Sport" bedeutet „Rekord schlagen", auf irgend einem Gebiet der erste sein wollen, samt all dem Ehrgeiz, der Eifersucht und Äußerlichkeit, die damit verbunden sind. Sport bedeutet, sich auf eine besondere Leistung hin „trainieren", drillen hieße es auf deutsch, damit man „das Höchste" erreiche. Darüber aber wird aus dem wohlgeschaffenen Menschen eine Maschine. Wie unerfreulich solch ein Sportgeschöpf, das nichts anderes kennt als Fußball, Motorrad, Tennis, oder sonst eine Spezialität! Wie leicht verkümmert da, was doch die Hauptsache ist: der Mensch! Rechtes Spiel hat von vornherein eine vornehme Haltung, steht anderswo.

Der richtige Spieler will über den Gegner siegen. Aber zugleich fühlt er sich in Gemeinschaft mit ihm und will ein starkes, schönes, ernstes und zugleich fröhliches Werk mit ihm aufbauen, eben das Spiel. Wichtiger als

Gewinnen ist, daß es ein schönes Spiel gebe. Wenn dann Spiel und Gegenspiel ineinandergehen, Wurf in Wurf, Lauf in Lauf, Angriff in Abwehr, und man überschaut das Ganze; dann spürt man eine starke, herrliche Einheit mitten im Kampf. Die ist wichtiger, als daß einer recht „glänzend" gewinne! Der richtige Spieler will gewiß vollen Sieg. Der muß aber vornehm gewonnen sein, sonst ist er befleckt. Behaupten: „Ich bin nicht getroffen", und man ist doch leicht gestreift; dem Ball schnell nachhelfen, daß er weiter rollt, als er eigentlich gekommen wäre und so weiter — dabei kommt vielleicht ein „Sieg" heraus, aber was für einer! Wieviel schöner ist ein verlorenes, aber sauber geführtes Spiel. Der richtige Spieler will gewiß höchste Leistung. Aber schön muß sie sein, zur Anmut gebändigte Kraft. Der Mensch darf dabei nicht verkrüppeln, sondern muß stark und frei werden, und alle Kräfte müssen zueinander ins Gleichgewicht wachsen.

So wird rechtes Spiel eine Schule edler „Tugend", das Wort in einem alten Sinn genommen, wie es ihn bei den Griechen hatte, und im ritterlichen Mittelalter. Und zwar sind es gerade die großen Tugenden des rechten Mannes. „Spiel" ist es vor allem. Das heißt: Kein Vorteil spricht hier mit. Es geht allein um Kraft, Schönheit und Ehre. Also freier, ritterlicher Sinn. Aber Ernst ist es, keine Spielerei. Das Beste wird eingesetzt, was der Mann hat: Charakter und Vornehmheit. Der rechte Spieler will siegen, unbedingt, und sei die Übermacht noch so groß. Er hat keine Furcht. Er hält den Posten bis zum Äußersten, und oft genug macht ein kühner Angriff eine große Übermacht wett. Von Wehleidigkeit weiß er nichts. Schmerz, Müdigkeit, alles das bezwingt er. Er ist zäh im Willen zum Sieg. Aber er verachtet jeden Sieg, der durch Hinterlist, Gewalttat oder irgendwelche Unvornehmheit erkauft ist. Es gilt mit wachen Sinnen, straff, aufmerksam auf dem Posten sein, scharf den flüchtigen Augenblick packen und das Rechte tun: Also Geistesgegenwart und Entschlußkraft.

Der Spieler kämpft kraftvoll; aber Schreien, Toben, rohes Wesen verachtet er. Schön muß es zugehen, die Stimme beherrscht, die Bewegung gebändigt. Die Regeln müssen eingehalten werden. Nicht weil sonst der Kampfrichter pfeift, sondern weil in den Regeln die Zucht des Kampfes liegt. Und Kampf soll es sein, kein Geraufe. Er zwingt keine Körperübung zum Äußersten, um darin Rekorde zu schlagen. Vielmehr übt er die verschiedenen Spiele, damit er nach allen Seiten hin durchgebildet, ein „Ganzkämpfer" werde, wie die alten Griechen ihn wollten.

So erwachen im rechten Spiel edle Mannestugenden: Freies Wesen, das weiß, es gibt Höheres als Vorteil und Nutzen, nämlich Schönheit und Ehre. Mut, der sich vor keiner Übermacht fürchtet. Zucht, die sich nichts merken läßt, auch wenn einmal ein verirrter Ball etwas unsanft an die Rippen fährt. Geistesgegenwart und Kraft zu raschem Entschluß. Vornehmer Sinn, der sofort abbricht, wenn er merkt, daß sein Gegner unerfahren ist. Unbedingte Ehrlichkeit, auch wenn der Partner nicht aufpaßt. Gerechter Sinn, der nach der Niederlage nicht zankt und recht behalten will, sondern den Sieg dort läßt, wo er ist. Der imstande ist, seinem Gegner neidlos die Hand zu schütteln und zu sagen: „Hast ein wackeres Spiel geführt.“ Ist das nicht herrlich?

Mit alledem soll wahrlich nichts gegen eine gediegene Rauferei gesagt sein! Die weiß jeder rechte Junge wohl zu würdigen. Ist es einem doch manchmal so zumute, daß sie einfach nötig ist, und je toller es dabei drunter und drüber geht, desto besser — wenigstens solange Fenster und Hausrat und sonstiges Zerbrechliche heil bleiben. Aber sie darf nicht zur Regel werden, und Gruppen, bei denen gleich alles in Keilerei übergeht, sind doch eine recht fragwürdige Sache, so pachantenmäßig sie sich auch geben mögen.

Vielleicht sagt nun einer: „Aber das alles ist ja gerade der richtige Sport! Der richtige Sportsmann denkt ja genau so!“ Damit mag er recht haben. (Auf einen Unterschied in Geist und Haltung, der da noch ist, wollen wir hier nicht eingehen.) Steht es so, dann sind eben die „Anführungszeichen“ weg, und Sport ist richtiges Spiel geworden.

Das ritterliche Spiel müssen wir treiben: Ballspiel aller Art, Bumerang, Speer, Bogen und Diskus, Lauf und Sprung, und zwar der richtige, mit und ohne Sprungstange; die verschiedenen Lauf- und Kampfspiele, Spiele im Gelände und so fort ...

Noch eine andere Art ritterliches Spiel dürfen wir nicht vergessen: das geistige. Also vor allem Schach, dann aber auch noch andere Brettspiele, wie Damenbrett, Halma und so weiter. Auch das Dominospiel gehört hierher, natürlich das richtige, in dem nicht drauflosgesetzt, sondern wo eine stete Überschau und Berechnung geübt wird. Das alles sind ritterliche Spiele. In ihnen, besonders in den Brettspielen, kommt es nicht auf Glück und Zufall, sondern auf geistigen Kampf an, auf klare Übersicht, kluges Planen und zähes Durchführen. Zugleich aber zeigt sich hier der weite Blick und vornehme Sinn. Nicht zu vergessen die Aufgaben, die solche Spiele stellen, bei denen es gilt, stets neue Lagen und Schwierigkeiten mit Feldherrnkunst schön und klar zu lösen: Alle diese Spiele, körperliche wie geistige, stellen noch eine andere Aufgabe: sich das nötige Gerät selbst zu schaffen. So zum Beispiel Bogen und Pfeil, Stangen und Wimpel und so fort. Dann die Brettspiele. Eine schöne Arbeit für die Winterabende, sich schöne Spielbretter zu schaffen, mit gebrannten oder gemalten Feldern, oder in Linol geschnitten, oder mit Furnier eingelegt; Figuren zu schnitzen oder zu modeln, in Holz oder Ton; die Spielsteine zu schneiden oder zu treiben in Holz, Linol oder Metallblech. Da ist ein gutes Stück Hauskunst zu schaffen.

Aus dem Geiste des rechten Mannes, der aufrecht ist, stark und rein, selbstlos und vornehm, zuverlässig, ernst und fröhlich zugleich, muß auch ein Adelsbewußtsein herauswachsen. Denn was heißt das, adelig sein? Mehr Verantwortung in sich tragen als andere. Es heißt wissen, daß man für die Ehre da ist. Daß man dorthin gehört, wo die größere Gefahr ist. Daß es im Grunde nur einen Feind gibt, das Gemeine. Und zwar ist adelig jener Mensch, der das alles nicht nur aus mühsamer Überlegung und Vorsatz heraus tut, sondern dem es Fleisch und Blut geworden, und der gar nicht anders mehr kann.

Und nun spinne ich die Gedanken fort. Vom ritterlichen Spiel war die Rede; es hat aber eine tiefe Verwandtschaft mit dem zweiten Lebensbereich des Mannes, dem ritterlichen Dienst. Wer dient, sagt: Ich bin nicht für mein Behagen da, sondern für einen Menschen oder für eine Sache, oder für eine Aufgabe. Und nun scheiden sich die Wege: Knechtsdienst oder Ritterdienst. Der Knecht dient, weil er Lohn will, oder weil er gezwungen wird. Der Ritterliche dient, weil es eine große Sache gilt, unabhängig von Vorteil und Zweck. Daß die Sache siege, das ist sein Wille. Er dient nicht gezwungen, sondern aus freier Hingabe. Ritterlicher Dienst ist es, für einen Menschen einzustehen, dem man die Treue geschenkt hat. Vor allem für den Freund; dann für jeden, der uns vertraut. Verschwiegen zu sein, zuverlässig und hilfsbereit.

Ritterlichen Dienst schuldet jeder Mann dem Mädchen, der Frau. Diesen Dienst leistet nicht, wer oft bei ihnen herumsteht, sondern wer weiß, wann es Zeit ist zum Zusammensein und wann zum Alleinsein. Auch nicht, wer dem Mädchen alle möglichen Schwierigkeiten erzählt und ihr so zu ihren eigenen auch noch die seinen aufládt, sondern wer mit seinen Sachen selber fertig wird. Ritterlichen Dienst leistet, wer dem Mädchen gegenüber sich in scharfer Zucht hält, und fühlt er, sie läßt sich gehen, dann sich selbst doppelt zusammennimmt, für sie noch mit. Und dann selbstverständlich hilft, wo es nottut; Arbeit abnimmt, Anstrengung erspart. Aber was soll man hier sagen, wenn man die Bequemlichkeit und Rücksichtslosigkeit sieht, immer wieder, und bei den unbegreiflichsten Gelegenheiten! Es ist immer wieder das Nämliche: Worte — und Ernstmachen!...

Ritterlichen Dienst schuldet der Mann den Schwachen. Er schützt sie vor Not und äußeren Gefahren;

schützt ihre Ehre und ihren guten Namen. Der ritterliche Mensch schlägt sich unwillkürlich auf die Seite des Bedrohten, des Schwächeren, des Unterliegenden. Das unterscheidet ihn vom Vorteilsmenschen. Edelster Ritterdienst gebührt dem Heiligen, das ist Gott und sein Reich. Wie einst die Kreuzritter für Christus einstanden. Nicht mit der Waffe, aber mit Wort und Tat; im öffentlichen Leben und zu Hause; gegenüber Gleichgültigen und Spöttern und Feinden. Gott hat seine Ehre gleichsam in unsere Hand gelegt. Wir haben sie zu schützen. Solch ritterlicher Dienst verlangt viel: Daß einer sich ganz zur Sache bekenne und sie nie verleugne. Daß er für sie einstehe, auch wenn der Gegner noch so viele sind, und noch so viel Nachteil. Und daß er das frei tue und fröhlich. Wer im ritterlichen Dienst steht, muß so leben, daß er dessen würdig bleibe. Ritterlicher Dienst ist streng. Da kann man vieles nicht, was man sich sonst wohl erlauben dürfte. „Adel verpflichtet" heißt der Spruch. Der gilt auch hier.

Ein Drittes gehört zum rechten Mannestum: Das Werk. Ein großer Unterschied ist zwischen „Werk" und „Verrichtung". Bloß verrichten tut auch der Knecht. Ein Werk schaffen kann nur der Freie. Aber jeder steht vor der Wahl, ob er Knecht sein will oder freier Mann. Jedes Tun kann ein Werk sein oder bloß eine Verrichtung. Ob es nun eine Aufgabe für die Schule ist oder eine Arbeit zu Hause, ein Stück Hausrat oder ein Beamtendienst, es wird Werk, wenn man es tut aus ihm selbst heraus, so wie es selbst getan sein will. Es wird Verrichtung, wenn man es tut, weil es sein muß, oder bloß ums Geld. Ein Baumeister etwa kann ein Haus bauen, nur, damit er möglichst viel verdient, dann ist es aus dem Vorteil gemacht und bleibt bloße Verrichtung. Oder aber er baut es aus ihm selbst heraus, so wie hier an dieser Stelle, mit diesen Mitteln, für diese Leute das Haus gebaut werden muß; so wie es ihm im Geiste aufgestiegen ist, sorgsam, echt und schön. Dann ist es ein Werk. Natürlich muß der Baumeister mit dem Vorhandenen rechnen; er muß auch seinen Vorteil haben, denn er will ja leben. Aber es ist ein großer Unterschied, ob er das Haus nur aus dem Vorteil heraus baut oder aus ihm selbst. Und so ist es mit allem. Ein Aufsatz kann bloße Verrichtung sein, wenn er nur für den Lehrer oder für die Note geschrieben wird. Dann war es eine unfreie Sache. Er kann aber auch gemacht sein aus ihm selbst heraus, weil er so gemacht sein will und dann war er freier Dienst an der Sache, war ein Werk. Immer dann wird etwas zum Werk, wenn man hineinhorcht, wie es selbst gemacht sein will, was sein Wesen fordert, und aus dieser Forderung heraus schafft.

Das bedeutet nicht, einer solle als unpraktischer Schwärmer herumlaufen. Solle immer nur aufs Schöne und Ideale sehen und dabei das Rechnen vergessen; vornehm sein und sich dabei von jedem übervorteilen lassen, oder sein Recht nicht fordern vor lauter Edelmut. Das alles wäre keine Ritterlichkeit, sondern Schwäche. Wir leben nun einmal nicht in einer idealen Welt, sondern in einer sehr harten, oft unter ganz gewissenlosen Ellenbogenmenschen. Und es ist eine der wichtigsten Entscheidungen für die Jugend, ob junge Menschen lebensfremde Schwärmer werden oder aber, ob sie die Kraft haben, sich im Wirklichen durchzusetzen. Dazu gehört auch, daß sie im Berufsleben sorgsam rechnen, ihren verdienten Vorteil wahren, ihr Recht fordern und im Notfall die Zähne zeigen.

Das sind die drei großen Reiche des Mannes: Das Werk, der Dienst und das Spiel. Man kann sie nicht voneinander trennen, sie gehören zusammen. Alle haben sie die innere Freiheit, daß er sie nicht gezwungen tut, sondern weil er aus sich heraus zur Sache steht. Sie haben das Adelige, das sich verpflichtet weiß, wo kein Vorteil mitspricht. Und alle drei, Spiel, Dienst und Werk, haben etwas Festes. Um ein rechtes Werk tun zu können, recht zu dienen und recht zu spielen, muß einer eben ein Mann sein. Das heißt: Er muß sicher in sich selber stehen, fest gegenüber allem Wirren ringsum, klar den Blick haben, unbeirrbar den Willen, frei das Herz. Im Werk stellt er seine Sache hin, stark und wohlgebaut. Im Dienst steht er für die Sache ein, für den Menschen, für die Überzeugung, tapfer und selbstlos. Beides aber bringt oft wüsten Kampf mit niedrig denkenden Menschen. Von all dem Druck macht der Mann sich frei im Spiel. Im rechten Spiel erholt er sich von der harten Not des Werkes und des Dienstes.

Fest hinter seiner Sache stehen, aufrecht seinen Weg gehen, das ist eines rechten Mannes Art. Dafür will er freien Raum; und er weiß sich den Raum zu schaffen, wenn der nicht gutwillig gegeben wird. Gott hat ihn so gemacht, also hat er ein Recht, so zu sein. Das heißt nicht, er solle sich für etwas Besonderes halten oder die eigenen Fehler nicht sehen. Er will ja sein, nicht scheinen; wirkliche Tugenden haben, nicht aber tun, als ob es welche wären, und es sind keine. Also blickt er sich sehr scharf ins Innere. Er weiß genau, woran er mit sich selber ist; er kennt seine guten Kräfte, weiß aber auch, daß sie immer zugleich die Quelle von Fehlern sind, und müht sich, diese zu überwinden. Aber er bejaht sein Wesen und will Raum dafür. Und sich durchsetzen, ohne Gewalttätigkeit, aber entschlossen; ohne anderen Unrecht zu tun, aber unbeirrbar, das gehört zum rechten Mannestum.

Aber nun kommen wir zu etwas Wichtigem: Andere sind auch da! Fr. W. Förster hat gesagt, Anfang und Ende aller staatsbürgerlichen Erziehung besteht darin, die selbstverständliche und doch so schwere Wahrheit zu begreifen: „Ich bin nicht allein da; andere sind auch noch da." Nun, rechte Mannesart ist es, keine Angst zu bekommen, weil „andere da sind". Sich nicht aufzuregen, wenn einer die Sache anders sieht. Nicht alle über einen Kamm zu scheren und zu meinen, sie müßten so denken wie man selbst. Alte Tanten machen es so. Die sagen gleich im vorwurfsvollen Ton: „Bei uns ist das aber immer so gemacht worden ...!" Ein rechter Mann hingegen achtet jeden. Er denkt: „Du bist anders. Bleib, wie du bist! Hast ein Recht dazu." In diesem weitherzigen, ruhigen Nebeneinanderstehen zeigt sich die Kraft. Wer andere nicht gelten läßt, ist ein Schwächling. Denn wäre er seiner selbst gewiß, so würde er ruhig neben ihnen stehen und käme gar nicht auf den Gedanken, sie müßten sein wie er. Der rechte Mann freut sich über jeden festen Kerl, und wenn er noch so verschieden ist. Sobald er merkt, das ist einer, der gerade in seinen Schuhen steht und aus seiner eigenen Mitte gewachsen, dann hat er seine Freude an ihm.

Aus solcher Gesinnung kommt ein wichtiges Manneswerk: Die Gemeinschaft. Wer Andersgeartete nicht anerkennt, hat immer nur die Wahl: Er unterdrückt sie und macht Knechte aus ihnen; oder er selber unterliegt und wird untertan; oder er wird verdrossen und steht untätig schimpfend beiseite. Keins ist eines Mannes würdig. Das erste ist Gewalttat, das zweite Knechtschaft, das dritte Versagen. Wahre Mannesart will selber frei sein und mit freien Menschen zu tun haben, Sie ist gerecht und ehrfürchtig.

Daraus entspringt die richtige Gemeinschaft des Schaffens. Die beiden oder mehrere verständigen sich über die Sache; jeder würdigt den Standpunkt des anderen; sie suchen einen vernünftigen Ausgleich der Ansichten, verteilen die Aufgaben, bestimmen einen Leiter. Nun tut jeder das Seine und weiß sich doch mit den übrigen verbunden. So wird aus freier Schaffensgemeinschaft das freigeschaffene Werk. Nie entsteht ein wirklich großes Werk, wenn der Mann sich nicht in feste Zucht nimmt, wenn er seine Meinung nicht mit den anderen zusammenzuordnen und sich der Leitung unterzuordnen weiß. Gewiß, durch Zwang und Sklaverei ist schon Gewichtiges geschaffen worden; die Pyramiden stehen noch. Wer aber Augen hätte zu sehen, den würde das Grauen packen über all das Blut und die Verzweiflung und die zu Gott schreiende Gewalt, die hineingemauert sind. So manches Werk unserer Zeit ist wie sie und doch ein Greuel vor Gott! Groß ist nur, was groß ist vor ihm. Und sein Gericht wird einst nicht nur über die Menschen ergehen, sondern auch über ihre Werke, ob sie nun zur Wissenschaft gehören oder zur Kunst, zu Industrie und Handel oder wohin sonst. Vor Gott ist nur groß, was aus der Gerechtigkeit kommt und der Ehrfurcht vor seinem Ebenbild, dem Menschen. Die wahre Manneskraft liegt nicht in der Faust, sondern im Charakter. Und wer durch Gewalt die Gerechtigkeit beugt, ist nicht nur ein Frevler, sondern im tiefsten auch ein Schwächling, und wenn er noch so stark tut. Hier liegt auch die Wurzel der wahren Politik. Nicht auf Gerissenheit kommt es da an, nicht auf große Reden und Schlagwörter, Agitation und Versammlungslärm, großmäulige Kritik und unmögliche Forderungen! Politik ist Zucht. Ist die hohe Kunst, entschlossen und zäh, zugleich aber in Ehrfurcht vor der fremden Überzeugung für das Wohl aller zu arbeiten. Politik ist die Kunst, alle lebendigen Kräfte zu sehen, die da sind, und sie zu verbinden. Die Kunst, freie Menschen zu freier Gemeinschaftsarbeit zusammenzubringen, Gegensätze zu überbrücken, verschiedene Ansichten und Standpunkte zu einer großen Einheit zusammenzubauen — selbstverständlich ohne die Wahrheit zu verletzen; darin steckt ja gerade die politische Aufgabe! Denn mit Gewalt eine einseitige Meinung durchzusetzen, ist ebenso wertlos, wie mit Charakterlosigkeit und List eine scheinbare Einheit herzustellen. Was vom wahren Politiker gefordert wird, ist viel größer, aber auch viel schwerer. Nur aus gegeneinanderstrebenden Wölbungen ersteht das Münster. Ebenso kann der große Bau der Staatsgemeinschaft nicht werden durch eine Meinung oder eine Richtung, sondern durch Zusammenbau und gemeinsames Schaffen aller. Politik ist eine Haltung. Nämlich diese: Das Ziel nicht aus der eigenen Beschränktheit heraus zu sehen, sondern aus dem Ganzen. Eine feste Überzeugung zu haben, aber zugleich von jedem zu lernen. Unbeugsam seinen Weg zu verfolgen, aber in Ehrfurcht vor der fremden Meinung. Sich selbst treu zu bleiben, und doch zugleich mit den andern zusammen zu schaffen.

Wie aber, wenn man überzeugt ist, der andere hat unrecht? Hat versucht, es ihm klarzumachen, und er sieht es nicht ein? Dann bleibt nichts übrig als der Kampf. Aber der rechte Mann kämpft mit sauberen Waffen! Er verkleinert den Gegner nicht, verleumdet nicht, reißt nicht herunter, sondern achtet ihn. Ja, er freut sich sogar seines Gegners, wenn es ein ritterlicher ist. Dann gibt es ein starkes Messen der Kräfte. Einer hat gesagt, man solle nicht nur vom besten Freunde reden, sondern vom besten Feinde. Das sei jener, der so entschlossen kämpfe, daß er einen zwinge, alle Kraft zusammenzunehmen. Er nötigt, die eigenen Ansichten immer tiefer durchzudenken, damit sie bestehen können; fordert zu unermüdlicher Wachsamkeit; schreckt aus aller faulen Sicherheit auf und stellt einen dorthin, wo des Mannes Platz ist: In den Kampf. Im scharfen Waffengang sich seines Gegners freuen zu können, das ist ein hoher Beweis wahrer Manneskraft. Lies einmal, wie am Schlusse des Walthariliedes die ritterlichen Kämpen einander soeben noch auf Tod und Leben gegenübergestanden haben, Walthari, Hagen und Gunther, und nun sitzen sie zusammen im grimmigen Scherz, jeder mit dem stolzen Gefühl, einen wackeren Mann vor sich gehabt zu haben. Es ist schlimm, daß von solcher Gesinnung im öffentlichen wie im privaten Leben so wenig zu spüren ist!

Und nun dringen wir noch einmal tiefer, dorthin, wo die letzte Entscheidung über wahres Mannestum liegt. Das versteht man freilich nicht ohne weiteres. Alle Einsichten haben ihre Zeit; so auch diese. Eines Tages aber kommt die Zeit, vielleicht so um die Dreißig — es kann auch früher geschehen oder später — da gehen einem die Augen auf. Man schaut um sich und sieht, daß man allein ist. Nicht äußerlich allein; es können viele Menschen treu zu einem halten, aber innerlich. Allein mit dem eigenen Wesen, mit dem eigenen Schicksal, mit der eigenen Sendung. Wie soll man das klar machen? Sieh, in früheren Jahren glauben wir ganz unter den anderen zu stehen. Gewiß machen wir auch Zeiten durch, da wir uns unverstanden fühlen, aber die wahre Einsamkeit kommt doch erst später, dann, wenn man seiner selbst ganz bewußt wird. Wenn einem aufgeht: „So bin ich. Und die andern sind anders. Viele verstehen mich gar nicht; andere nur halb. Ganz wenige sehen bis ins Innere. Und so bleibt es." Das ist eine unausweichliche Einsicht, davon läßt sich nichts abhandeln. Man sieht, wie die anderen einen mißdeuten oder ablehnen und muß doch unter ihnen stehen. Dann kommt die wirkliche Einsamkeit, und nun entscheidet es sich, ob man fest in sich selbst stehen kann oder vor sich davonläuft. Ja, kann man denn vor sich davonlaufen? Gewiß! Es kommt die große Versuchung, sein zu wollen wie alle andern auch, um mit ihnen in einer Reihe stehen zu können. Das gleiche schön zu sehen wie sie und das gleiche häßlich. Mit ihnen zu suchen und zu finden. Die Versuchung, sich nach ihnen zurechtzubiegen. Man soll von anderen lernen, soll den Blick ausweiten und die Einseitigkeit seiner Veranlagung im Zusammenleben mit ihnen überwinden. Nichts armseliger, als wenn jemand sich für etwas Besonderes hält und meint, er habe nichts zu lernen. Aber es ist doch ein großer Unterschied, ob man sein eigenes Wesen festhält und es nur von Einseitigkeiten und Fehlern zu befreien und zur Vollkommenheit zu führen sucht, oder aber ob man sich selbst aufgibt und eine ganz andere Art anzunehmen sucht. Das ist aber jetzt die große Versuchung! Es ist auch die Zeit, da man sehr drückend die eigenen Fehler spürt. Früher hat man immer gemeint, mit ein paar kräftigen Vorsätzen sei alles zu überwinden; nun aber hat man erfahren, wie zäh die Fehler in der Natur sitzen. Man hört die Vorwürfe und die Kritik der anderen und sieht, wie recht sie haben. Da kommt die große Versuchung, an sich selber irre zu werden. Nun gilt es, sich zu sich selber bekennen: „So bin ich. Das ist mein Wesen, das sind meine Kräfte, das sind meine Fehler. Ich stehe zu mir." Gewiß vollkommen werden. Aber nicht, indem man von sich wegläuft. Nicht, indem man sich in eine fremde Art hineintäuscht, sondern von der eigenen aus: „Ich will zu Gott, aber auf meinem Wege und auf meinen Füßen." Dann erst beginnt das eigentliche Ringen. Alles liegt deutlich, hart und kühl da. Der Alltag fängt an. Wenn Du einmal ganz hart vor Deiner eigenen Wirklichkeit stehst und hältst ihr stand, dann bist Du Mann. Zur gleichen Zeit wird ein zweites Standhalten gefordert: Vor dem eigenen Schicksal. Goethe hat gesagt, man lerne so mancherlei Menschen kennen; erst seien diese Beziehungen nur schön und bedeutungsvoll, eines Tages aber merke man, wie sie zum Schicksal geworden sind. Verhältnisse, Erfahrungen, Taten und Worte, ernste, fröhliche, unbedachte... anfangs ist alles aufspringendes Leben, farbig, voll Kraft und Spannung. Mit der Zeit aber wird es starr und schwer, wird Schicksal. Da spürt man eines Tages: Bis jetzt habe ich vorangelebt. Nun wird es Ernst. Werke, die man begonnen; Verantwortungen, die man übernommen hat; Verhältnisse, in denen man steht; Beziehungen, die man geknüpft; Versprechungen, die gegeben wurden; Erklärungen, Bekenntnisse — alles wird nun harte Wirklichkeit. Und wieder entscheidet es sich: Flieht man davor? Macht Flausen? Läßt die Sache auf sich beruhen? Oder hält man stand? Damit ist nicht gemeint, einer müsse sich in schwere Verhältnisse ergeben, wenn er mit Ehren herauskann; müsse drückende Beziehungen aufrecht erhalten, die er mit gutem Recht zu lösen vermag. Der Mensch schmiedet sich selbst sein Schicksal und bis zum letzten Atemzug darf er ringen, daß es weit und schön werde. Aber alles kommt darauf an, daß er der Wirklichkeit darin standhalte, den wirklichen Pflichten, den wirklichen Bindungen. Und auch hier beginnt oft die Einsamkeit. Kann sein, eines Tages steht man seinem Schicksal allein gegenüber. Jetzt aber gilt es; und wer standhält, der ist Mann.

Und zum dritten: Auch dem Werk muß standgehalten werden, dem Beruf, der Sendung. Jeder hat seine Sendung. Ich weiß, es läßt sich vieles dagegen sagen. Trotzdem; jeder hat eine, jeder hat etwas zu leisten, etwas zu sagen, etwas zu sein. In jedem Beruf ist sehr viel Hartes. Am Anfang scheint alles schön; erst mit der Zeit tritt das Harte hervor. Viele müssen gar von Anfang an tun, was ihnen schwerfällt. Auch kommt es sicher einmal dahin, daß Menschen gegen einen stehen. Jeder ist selbstsüchtig und beschränkt und tut andern unrecht. So ist aller Beruf ein Ringen mit einer Aufgabe, ein Ringen mit den Menschen. Zu Beginn trägt die Schaffenslust darüber hinweg. Auch sind die Menschen einander noch neu, kennen sich noch nicht richtig. Mit der Zeit aber machen die Gegensätze sich geltend, und eines Tages stehen sie ganz scharf da. Da sieht man die Aufgabe in ihrer ganzen Schwere. Sieht, wie fern man den Menschen steht, wie tief im Gegensatz zu ihnen, auch zu Gutmeinenden, geschweige denn zu Rücksichtslosen und Feindseligen. Verständnislosigkeit, Eifersucht, Neid, Beschränktheit, alles bekommt man zu spüren. Da fällt wiederum die Entscheidung; ob man sich fürchtet. Sich fürchtet vor der Aufgabe und ihr untreu wird; vor den Leuten und ihnen weicht; vor der Einsamkeit und zur Herde läuft — oder ob man standhält.

Was da gesagt wurde, heißt wieder nicht, einer solle etwa in einem Beruf bleiben, der ihm nicht liegt, sobald er die Kraft hat, sich freizumachen. Es soll nicht heißen, man müsse sich wider Erfahrung und vernünftiges Urteil stellen, weil man meint, so verlange es die Sendung. Wenn aber einer erkannt hat: „Hier ist mein Platz, mein Beruf, das hab' ich zu tun" — und er merkt in den Jahren der Entscheidung, wieviel Hartes darin liegt, dann muß er standhalten. Standhalten auch dem Mißverstehen und der Feindseligkeit der Menschen.

„Frisch auf, die Fahne weht,
Wohl dem, der zu ihr steht!"

Mann sein, heißt treu sein. Und hier ist kein Unterschied zwischen Mann und Frau. Denn Fraulichkeit ist in ihrem Grunde auch nichts anderes, als wissend geworden sein, und in Freiheit treu.

Vorhin hat es geheißen, Mann sei, wer einsam seinem Wesen, seinem Schicksal, seiner Aufgabe standhalten kann. Das war doch nur halb richtig. „Einsam" heißt nur so viel wie „ohne Menschen“. Einer aber ist immer zur Seite, und mit dem bringt man es überhaupt erst fertig. Das ist Gott. Es gibt ja auch ein Standhalten ohne Gott. Aber das ist ein wildes Zusammenbeißen der Zähne; dabei versteint innerlich etwas. Gott bewahr uns davor. Erst in Ihm bekommt alles sein rechtes Gesicht: das eigene Wesen, denn er hat es geschaffen; das Schicksal, denn er hat es gefügt; das Werk, denn er hat dazu gerufen. Und Gott gibt die Kraft, unser Wesen zur Freiheit und Vollkommenheit zu gestalten; die Kraft, das Schicksal zu bezwingen; die Kraft, die Sendung auszuführen. Er steht neben uns, und so ist unsere Einsamkeit in Gott. Er hat noch mehr getan. Er hat uns das Standhalten in der furchtbarsten Einsamkeit vorgelebt: am Kreuz. Und unter dem Kreuz stand eine Frau und ein Mann, Maria und Johannes. Allein. Ringsumher höhnte alles und lästerte. Sie aber standen. Sieh, das ist Mannestum und auch der Fraulichkeit letzte Tiefe: Allein stehen zu können unter dem Kreuz, in Christi Kraft. Und einmal sind wir alle geweiht worden zu solcher Tapferkeit, in der Firmung. Da hat der Heilige Geist uns „gefestet“, zum heiligen Mannsein und Frausein im Herrn. Darin hat alles kindliche Sich-Anklammern ein Ende, alles Schweifen des jungen Menschen hört auf. Da steht man.

Das war ein weiter Weg, nicht wahr, vom fröhlichen Spiel zu diesem herben Geheimnis? Und doch ist es ein Weg. Ein Schritt um den andern führt von dort hierher. Wer den ersten aufrichtig tut, den trägt es dorthin, wo der zweite einsetzt, und der zweite zum dritten, und immer weiter.

So wird einem auch klar, was das wohl heißen mag: Rechtes Altwerden. Der in dieser Weise Alte hat auch das Mannsein überwunden, all das Harte und Mühsame darin. Ihm ist alles klar und frei geworden. Er hat wieder die schlichte Zuversicht des Kindes und dessen helle Fröhlichkeit. Und nun hat sich der heilige Ring des Lebens geschlossen: Kindheit und Mannestum sind eins geworden. Nun wird es Zeit für die Ewigkeit.

Siebenter Brief

FREIHEIT

Das Wort „frei“ ist für viele ein Nebel geworden, in dem sie nichts Deutliches denken. Gerade hier aber müssen wir klar sehen: So wollen wir alles beiseite schieben, was bloßes Wort oder Gefühl ist.

Scharf blicken, deutlich scheiden. Nicht um Probleme zu wälzen, gerade in dieser Frage kommt man damit nicht weit. Vielmehr wollen wir uns lebendig vor Augen stellen: Wer ist frei? Wann hat einer das Recht, sich frei zu nennen? Um das Bild des wahrhaft freien Menschen geht es uns. Darin wird vielleicht manches kleinlich anmuten; aber wir wollen es uns nicht verdrießen lassen. Das „Großzügige“ ist nicht immer echt; es steckt viel Schwindel dahinter. Wir wollen gute Arbeit tun, Handwerksarbeit. Die ist ehrlich und dauert.

Fangen wir beim nächsten an: Man wird einen Menschen frei nennen, wenn er tun kann, was er will; wenn er die äußere Freiheit der Entschließung und Bewegung hat. Bei manchem ist es ja so, daß ihm von Vorgesetzten oder Angehörigen überall Vorschriften gemacht werden. Darin ist er natürlich nicht frei. Er will wandern und darf nicht, möchte sich einer Gruppe anschließen, aber es wird ihm verboten; er würde eine Arbeit gern so anfassen, wie er sie für richtig hält und muß sie nach fremder Weisung machen; es zieht ihn zu einem bestimmten Beruf, er kann ihn aber nicht ergreifen ... All das ist Unfreiheit und kann sehr drücken.

Noch schwerer wird die Unfreiheit, sobald die Umgebung andere Gesinnung hat. Das kann jedem geschehen und überall. Man versteht ihn nicht; lehnt ihn ab; will ihm die eigenen Ansichten aufzwingen. Was ihm lieb ist, wird nicht ernst genommen. Was er erstrebt, macht man lächerlich. Man sucht ihm eine Geselligkeit aufzunötigen, die ihm zuwider ist; Umgangsformen, Vergnügungen, Kleidung, die er nicht mag ... Das kann nun Gesellschaft sein oder Berufsumgebung, Familie oder Internat, oder was immer sonst. Es kann zu einer richtigen Tyrannei werden, und Leute, die für sich jede Freiheit in Anspruch nehmen, sind anderen gegenüber oft am rücksichtslosesten. Ist dann einer noch von Natur nachgiebig oder leicht verschüchtert, dann kann er dabei um alle Selbständigkeit kommen. Die beständige Kritik nimmt ihm das Vertrauen zu sich selbst. Er denkt nicht mehr aus dem eigenen Sinn heraus, sondern aus dem der anderen. Er paßt sich an, findet schön und häßlich, recht und unrecht, edel und verächtlich nicht mehr, was ihm sein eigenes Herz sagt, sondern was die anderen ihm aufdrängen. Bis er schließlich nicht nur äußerlich unfrei wird, sondern auch innerlich.

Und solcher Unfreiheit gibt es viel. Manche stecken tiefer darin, manche weniger. Irgendwie aber haben wir alle damit zu tun, denn jeder steckt in Verhältnissen, die er nicht ändern kann. Er steht in einer Familie und muß die Angehörigen nehmen, wie sie sind. In der Schule kann er sich Klassengenossen, Lehrer, Einrichtungen nicht wählen, sondern muß sich mit denen abfinden, die nun einmal da sind. Er steht im Beruf, in Büro und Werkstatt, in bestimmten gesellschaftlichen Verhältnissen und hat mit ihnen fertig zu werden. So spürt jeder in irgendeiner Weise den Druck der äußeren Unfreiheit. Wann wäre einer hierin ganz frei? Wenn er kommen und gehen könnte, wie er will; arbeiten, was er für gut hält, sein Leben einrichten, wie es ihm liegt; wenn er eine Umgebung hätte, die seine Ansichten achtet ... Mit einem Wort, wenn er Herr seiner Entschließungen und Bewegungen wäre. Das wäre Freiheit, und es verlohnt sich wohl, danach zu ringen. Es gibt ja Lagen, an denen nun einmal nichts zu ändern ist. Verhältnisse in Familie, Schule und Beruf, mit denen man sich abfinden muß. Aber in der rechten Weise, daß Ehrerbietung und Nächstenliebe dabei nicht verletzt werden. Und man kann auch viel erreichen. Vor allem muß man sich selbst treu bleiben. Will einer zum Beispiel in einen bestimmten Beruf und findet Widerstand, dann soll er sich erst klar werden: Was will ich? Warum? Und dann immer wieder eingesetzt mit einem rechten Wort zur rechten Zeit! Zugleich wird er sich in Arbeit und Haus anstrengen, damit die Eltern sehen, daß er recht gewillt ist; wird sich im Ton, in der ganzen Haltung Mühe geben, damit durch die Kraft der guten Gesinnung der Widerstand überwunden wird. Vielleicht meint einer, das sei „Diplomatie" und unwahrhaftig. Klar heraussagen solle man, was man will und damit fertig. Oh nein! Es ist einfach vernünftiger, zielbewußter Wille, der gute Mittel für eine gute Sache einsetzt. Mit grobem Auftreten, sogenannten unbedingten Forderungen, mit Auflehnung und Krach erreicht man wenig Gutes, dafür umso mehr Unfrieden und Verdruß. Gewiß gibt es Lagen, wo man genau sieht: Es geht um meine Seele. Um das innere Heil-sein meines Lebens. Um Beruf und Lebenswerk. Da kann es notwendig werden, daß man sich mit offenem Widerstand durchsetzt. Aber man muß sich ehrlich sagen können, daß es wirklich um Wichtiges geht, daß man alles andere versucht hat und nicht weiter gekommen ist. Aus lauterem Herzen heraus müßte solch ein offener Kampf geführt werden. Schon oft ist uns etwas ungeheuer wichtig erschienen und war doch nur eine Liebhaberei. Mancher hat geglaubt, sein ganzes Leben hänge daran, und nach kurzer Zeit wurde ihm die Sache gleichgültig. Hat gemeint, er könne es nicht mehr aushalten, er müsse heraus, und später sah er ein, daß er unbequemen Pflichten hatte ausweichen wollen. Es gibt also wohl Fälle, die eine Kraftprobe fordern, doch im allgemeinen können wir genug erreichen, wenn wir beharrlich bleiben, bei guter Gelegenheit immer wieder einen neuen Versuch machen, zugleich aber unsere Pflichten sorgfältig erfüllen und uns im Umgang zusammennehmen. Dabei kommen wir freilich immer einmal an eine Grenze, wo das anfängt, was eben nicht zu ändern ist. Da heißt es denn, sich mit guter Haltung in das Unvermeidliche fügen.

Besonders notwendig wird der Kampf, wo es gilt, seine Überzeugung gegen eine gewalttätige Umgebung zu verteidigen. Hier vor allem eins: Nicht irre machen lassen! Klassenkameraden, Genossen in Werkstatt und Fabrik, Kollegen in Geschäft oder Amt mögen noch so drücken — nicht irre machen lassen! Es geht um die Freiheit. Was uns angegriffen wird, prüfen wir; denken es tiefer durch, damit wir es besser verstehen, reinigen es von Übertreibungen und falschen Ansichten — dann aber umfassen wir es mit unserer ganzen Seele, immer tiefer und stärker. Festgehalten! Ganze Klassen haben schon gespottet, ganze Werkstätten und Büros, Kränzchen und Klatschnester sich gegen einen

Menschen zusammengetan. Der aber hat festgehalten, und an seinem ruhigen Herzen und seinem klaren Willen ist alles zunichte geworden.

Solche äußere Freiheit ist kostbar, zumal, wenn man sie selber errungen hat. Aber sie ist doch nur der erste Schritt ins Land der Freiheit. Folgendes hast Du gewiß schon einmal beobachtet: Da hat einer diese äußere Freiheit; wenigstens soviel, als er vernünftigerweise verlangen könnte. An eine Ordnung muß er sich halten, im übrigen wird ihm nichts in den Weg gelegt. Er kann tun und lassen, was er will, kann mit seinen Freunden leben, kann treiben, was er für gut hält. Ja, vielleicht kümmert er sich überhaupt um keine Hausordnung und tut nur, was ihm paßt. Er liest, was ihm in die Finger kommt; keiner redet ihm in seine Ansichten hinein; kurzum, er ist frei im Tun und Lassen. Nun kommt irgendeine Redensart auf; in Klasse oder Gruppe sagen sie alle so — und er mit! Ein neuer Schlips wird Mode, eine Art die Hand zu geben und zu grüßen ... Er sieht vielleicht nicht recht ein, wozu das Ding notwendig sein soll, aber er will für elegant angesehen sein, oder für zünftig, je nachdem man's nennt — und er macht mit! Was ist es mit einer solchen Freiheit?

Ein Buch wird Mode. Wir wollen keinen Namen nennen; Du denkst wohl schon von selbst an so manche, die umgegangen sind. Etwas in ihm wehrt sich dagegen. Das Buch kommt ihm überhitzt, unnatürlich vor. Er hört darin große Worte klappern und nichts Rechtes dahinter. Er spürt ein etwas zweifelhaftes Gemisch von sauberen und weniger sauberen Sachen darin. Das Buch ist aber augenblicklich obenauf, alle reden davon — und er liest es weiter und findet es schön.

Einer wird lächerlich gemacht, ein Schulkamerad, ein Lehrer, oder wer sonst. Der, von dem wir reden, fühlt die Roheit darin. — Weißt Du, wenn Wilhelm Raabe an einem Menschen ganz seltenen Adel des Herzens zeigen will, dann erzählt er, dieser Mensch habe nie einen andern lächerlich gemacht! — Unser Mann spürt also die Roheit, aber die andern lachen — und er lacht mit. In der Gruppe hat jemand seine Ansicht gesagt. Die übrigen sind dagegen. Er merkt wohl, es war etwas dran. Aber „man" ist dagegen, so wagt er sich nicht heraus — und geht mit. Und so weiter! Immer das gleiche: Einer traut sich in der Versammlung nicht, seine Überzeugung zu sagen, weil er die tausend Augen fürchtet; er lacht über einen Witz, gegen den sich alles Saubere im Herzen auflehnt, weil er nicht als zimperlich dastehen will; er schämt sich einer reinen Lebensführung, weil die andern ihn nicht für voll nehmen, die schon „Erfahrung haben"... Ist das Freiheit?

Wahrlich nicht! Äußerlich mag so einer frei sein wie ein Vogel, im Innern ist er Knecht. Wessen Knecht? Der öffentlichen Meinung. Wir wollen die nicht so sehr verachten, sie hat ihr Gutes. In ihr drückt sich das Gewissen vieler aus. Aber wieviel Unsinniges und Niedriges, wieviel beschränkte Spießerei ist auch darin! Ganz gleich, ob es nun die öffentliche Meinung einer Stadt ist oder einer Schule, einer Klasse oder Gruppe. Ein erfahrener Mann sprach mir einmal von Erfahrungen im öffentlichen Leben. Sobald man die Leute einzeln vor sich sieht, sind es ganz ordentliche Kerle.

Sind aber ihrer hundert beisammen, dann sitzt der Teufel drin. Viel Wahres ist daran. Wer allein dasteht, muß sich verantworten; sein Gewissen ist wach. Sobald es aber viele sind, gibt jeder gleichsam seine Verantwortung an den Nachbarn ab. Jeder läßt sich mitziehen, und das Ergebnis? Die Menge ist verantwortungslos. Und zwar geben den Ton meist nicht die Vornehmeren an, die streng-Gesinnten, sondern solche, die am lautesten schreien und am einleuchtendsten sagen können, was allen behagt. Wer also frei sein will, muß sich von der Knechtschaft der Vielen losmachen.

Es gibt aber auch eine Abhängigkeit von Wenigen. Manchmal steht die ganze Klasse, die ganze Gruppe unter der Herrschaft eines kleinen Klüngels oder gar eines Einzigen. Im Leben, im Beruf, in der Partei ist es oft ebenso. Dieser eine, oder diese Wenigen verstehen das auszusprechen, was sie wollen. Sie haben einen starken Willen, zuweilen auch eine ehrfurchtslose Seele, die dreist zugreift, und so herrschen sie. Kann sein, daß ein solcher Mensch einen anderen ganz unter seine Botmäßigkeit bekommt. Sein Freund redet wie er, gibt sich wie er, hört nur auf ihn, richtet sich in allem nach ihm. Das ist aber keine Freundschaft mehr, sondern Knechtschaft.

Auch hier gilt es sich zu wehren. Einem erprobten Menschen wird man die Treue halten, aber darüber hinaus die Selbständigkeit nicht verloren geben. Fast in jeder Freundschaft kommt ein Augenblick, wo es sich entscheidet, ob sie für den einen zur Knechtschaft wird. Das kann schwere Stunden geben, Mißverständnisse, Kämpfe, muß aber durchgebissen sein. Und für den Freund wird es zur Probe, ob er wirklich ist, was er heißt, oder aber ob er herrschen will. Auch wer den Willen zur wirklichen Freundschaft hat, wird im ersten Augenblick nicht verstehen, worum es sich eigentlich handelt, wenn der andere sich scheinbar losmacht. Hat er aber seinen Freund wirklich lieb, dann geht es ihm bald auf, daß er jenen nicht verlieren soll. Er wird ihm diese Freiheit lassen und ihn damit ganz neu gewinnen. Der Herrschsüchtige hingegen will das nicht; er will, daß sein Freund ihm untertan bleibe, wehrt sich gegen dessen Frei-Werden, grollt, klagt ihn der Untreue an. In der Gruppe geht oft ähnliches vor. Der rechte Mann will einen Freien zum Freund, keinen Knecht; will freie Menschen führen, keine Herde. So freut er sich um so mehr, je entschlossener die anderen ihre Eigenart zur Geltung bringen.

Vergessen wir nicht, daß man ein Knecht auch der Dinge sein kann, nicht nur der Menschen. Eine Leckerei kann so begehrlich machen, daß man darüber alle Bedenken vergißt. Jemand sieht ein Wandergerät, eine Kluft, ein Fahrrad, ein Faltboot und will sie um jeden Preis. Eine seltene Briefmarke, ein wertvoller Stein, ein Buch oder Bild — er meint, es muß sein werden, und hat keine Ruhe, bis er es gewinnt; alles Mögliche kann so den Menschen unter seine Gewalt bringen: „Haus, Acker, Knecht, Magd, Ochs, Esel" und alles, was Mencheneigentum sein kann. Solche Anhänglichkeit kann das Herz ganz unruhig machen und ihm alle Fröhlichkeit nehmen, sie kann einen selbst zum Unrecht treiben. Und besitzt einer etwas, dann kann die Anhänglichkeit so groß werden, daß er sich gar nicht mehr von den Sachen trennen kann, auch wenn etwas davon andern bitter notwendig wäre oder er jemand eine große Freude damit machen könnte.

Wer so gesinnt ist, wird Knecht des Dinges. „Selig der Mann, der dem Golde nicht nachgeht", sagt die Schrift, „und seinen Sinn nicht auf Geld und kostbare Dinge stellt. Nennt ihn uns, und wir wollen ihn hoch rühmen, denn wahrlich, er hat Großes in seinem Leben vollbracht." Er ist ein freier Mann gewesen!

Solche Knechtschaft gilt es zu brechen, auch wenn man gegen sich selbst hart werden müßte. Ja, man muß es werden, sonst kommt man nicht weiter. Streng beim Rechten bleiben, auch im Kleinsten. Andern gerne geben und helfen. Und spürt man, daß die Bande zu stark werden, dann bleibt nichts übrig, als freiwillig zu opfern, was so tief bindet.

Frei ist also noch lange nicht, wer tun kann, was er will. Er muß auch Menschen und Dingen gegenüber unabhängig sein. Er muß seinem Gewissen, seinem Urteil, seiner Wesensrichtung treu bleiben. Der innere Mensch muß in ihm Herr sein über das Äußere, über seine Umgebung, Verhältnisse, Dinge, Besitz und Eigentum.

Wir müssen aber noch tiefer gehen. Denken wir, da sei einer Herr seiner Entschließungen und auch innerlich selbständig, er handelt wirklich so, wie es ihm recht scheint. Zuweilen kommt aber ein Jähzorn über ihn, daß er sich selbst nicht mehr kennt. Darin sagt er Dinge, die er nachher bitter bereut, tut anderen Unrecht, schreit und schimpft — ist der frei? ... Ein anderer ist eitel, er spricht oft von sich, weiß das Gespräch immer auf Sachen zu lenken, in denen er sich zu Hause fühlt; horcht sofort auf, wenn die Rede auf ihn kommt; hört aus allem gleich Tadel oder Schmeichelei heraus; liegt immer auf der Lauer, was die anderen über ihn denken — ist der frei? ... In einem Dritten steigt die Leidenschaft zuweilen so heiß auf, daß er sich nicht mehr beherrscht, unwürdige Sachen spricht, oder sich unziemlich benimmt — ist der frei? ... Und so noch vieles andere: Bei diesem Leckerei, bei einem andern Eigensinn, beim dritten Neid, beim vierten Stolz ... Leidenschaft, Triebe, Gewohnheiten sitzen in ihnen und binden sie. Kann man sie frei nennen? Nach außen hin wohl, aber nach innen? Ein solcher Mensch setzt sich vielleicht der Welt gegenüber durch, in sich selbst aber bleibt er gebunden.

Also gibt es im Menschen selber, in seinem eigenen Innern, noch gewissermaßen zwei Menschen: Einen ganz inneren, das ist der eigentliche; und einen zweiten, äußerlicher als jener, das sind die Leidenschaften und Triebe. Die sind nicht schlecht, im Gegenteil, kostbare Kräfte. Leidenschaft ist Kraft, Trieb ist Kraft. Der Zornmütige hat auch Feuer, wenn es gilt, für eine große Sache einzustehen. Der Leidenschaftliche hat seelischen Schwung und Begeisterung für das Edle. Wer am Besitz hängt, kennt den Wert der Dinge und ist ein guter Haushalter. Der Eifersüchtige hält den Freund wert und so fort. Diese Kräfte sind alle kostbar, aber blind. Sie können auch zerstören, verwirren, knechten, wenn der innere Mensch sein Gewissen nicht freihält. Er muß herrschen über Leidenschaft und Trieb; muß sie zähmen, ordnen, dienstbar machen. Dann wirken sie wohltätig, wie die Glut des Feuers, wenn sie richtig verwertet wird.

Frei ist nur, in wem der innere Mensch über den äußeren, Gewissen und Herzensfreiheit über Trieb und Leidenschaft herrschen. Das erst ist die eigentliche Freiheit, die sittliche. Sie macht, daß der Mensch aus seinem tiefsten Kern heraus lebt, dem Gewissen. Daß alles vom Gewissen gelenkt wird, und dadurch von Gott. Sie erst macht, daß der Mensch Persönlichkeit wird.

Wann also verdient einer, daß man ihn frei nenne? Wenn er äußerlich Herr seiner Entschließungen ist. Wenn er sich von den Einflüssen der Menschen und Dinge unabhängig macht und aus dem eigenen Innern heraus handelt. Vor allem aber, wenn das Tiefste in ihm, das Gewissen, Herr ist über die ganze Welt der Leidenschaften und Triebe.

Die erste Freiheit ist gut und wohl wert, daß man für sie kämpfe. Sie gibt offenen Raum, freie Bahn, bleibt aber auch äußerlich. Wichtiger ist die zweite Freiheit; sie sitzt schon tief drinnen. Ohne sie ist die erste nichts wert. Sie macht den Menschen frei für sein eigenes Wesen; daß er nicht lebe und handle wie seine Umgebung, sondern wie sein eigenes Sein es will; daß er er selber sei; daß er empfinde, wie es in ihm liegt; denke, wie es ihm einleuchtet; handle, wie er es für recht hält; daß er in seinem ganzen Sein das Wesensbild auspräge, wie es in ihm angelegt ist. Erst diese zweite Freiheit macht die erste wertvoll. Die Entscheidung aber fällt erst im dritten Bereich, im Innersten: Ob der Mensch zur sittlichen Freiheit durchbricht. Ob sein Gewissen, Gottes Stimme in ihm, die Herrschaft gewinnt, nicht aber Trieb, Leidenschaft und Selbstsucht. Ob er Persönlichkeit wird. Wenn das Gewissen Gott dient und aus dem Willen Gottes alles beherrscht, dann erst ist der Mensch richtig frei. Denn frei sein heißt, sich selbst gehören, mit sich eins sein. Mein eigentliches Ich ist aber das Gewissen; dem muß alles gehören und mit dem muß ich einig gehen, soll ich frei sein. Diese Freiheit gibt erst der äußeren ihren Wert; denn sie macht, daß es Menschenfreiheit ist, nicht aber die eines Vogels. Sie gibt auch der zweiten ihren Wert, denn sie macht, daß es Freiheit des Kindes Gottes sei, nicht aber ein bloßes Austoben natürlicher Kräfte. Sie erst macht alle Kraft und allen Trieb edel und fruchtbar.

Ist also der Mensch schon von Natur aus frei? Nein, er soll es erst werden. Ja, in der Weise ist er es wohl, daß er an der Wegkreuzung rechts gehen kann, oder links, wie er will. Aber die eigentliche Freiheit, die geistige, muß errungen werden. Und sie kostet einen zähen, unendlich mühsamen Kampf. Es ist merkwürdig, sieht man sich die Leute einmal näher an, die so laut von Freiheit reden, dann merkt man oft, daß sie vom eigentlichen Freisein blutwenig wissen. Die wirklich wissen, wie es damit steht, die sich wirklich danach sehnen und im harten Kampf erlebt haben, wie wenig der Mensch es besitzt, die reden nicht viel davon.

Wie aber kommt man zu ihr? Drei Wege führen zur Freiheit: Erkenntnis, Zucht und Gemeinschaft. „Die Wahrheit wird euch frei machen", hat der Herr gesagt. Einer steckt umso tiefer in der Knechtschaft, je weniger er weiß, daß er Knecht ist. Geht es ihm auf, dann ist sie bereits in etwas gebrochen. Wer zum Beispiel die Herzlosigkeit der anderen einfach mitmacht, ohne darüber nachzudenken, steckt ganz in der Abhängigkeit. Wer die Torheiten der Mode, der Schlagwörter und öffentlichen Meinung, die üblen Sitten und Gewohnheiten von Klassenkameraden, Geschäftskollegen oder Freunden ganz selbstverständlich teilt, kommt davon natürlich nicht los. Tritt es ihm aber durch irgend ein Erlebnis oder ein Wort ins Bewußtsein, wie unfrei er sich benimmt, wie ungerecht sein Urteil, oder wie schlimm irgendeine Gewohnheit ist, dann kann es sein, es fällt ihm wie Schuppen von den Augen. Er schämt sich; er versteht selbst nicht, wie er so sein konnte; die Blindheit ist durchbrochen, und der Weg zur Freiheit offen. Er sieht, wie es steht und weiß, wo er mit seiner Arbeit anzusetzen hat. Vor allem muß er klar in sich hineinschauen. Es genügt nicht, bloß zu wissen: „Ich bin unfreundlich gegen die anderen." Er muß sich fragen: Warum? Gegen wen? Vielleicht erkennt er dann, was ihm den anderen zuwider machte, so daß er unfreundlich gegen ihn wurde, war verborgene Eifersucht oder heimlicher Neid. Es genügt nicht, bloß zu wissen: „Ich bin nachlässig in meiner Arbeit." Er muß sich fragen: Warum? Vielleicht ist es einfach richtiggehende Faulheit. Vielleicht aber auch Ermüdung. Die aber kommt etwa daher, daß er keine rechte Ordnung hat, zu spät schlafen geht, alle möglichen Sachen nebenher treibt. Es genügt nicht, bloß zu wissen: „Ich bin reizbar gegen die andern, hart im Urteil, ungeduldig gegen die Umgebung." Er muß sich fragen: „Warum?" Vielleicht merkt er dann, wie im Letzten alles aus irgendeiner Leidenschaft kommt; wie irgendein unbeherrschter Trieb in ihm lebt und ihn unzufrieden macht.

Es gilt also, sich selbst zu verstehen: „Wo sind in meinen äußeren Verhältnissen Fesseln, die ich beseitigen kann, ohne Pflichten zu verletzen? Bin ich von den

Menschen abhängig durch Nachahmung, Eitelkeit, Menschenfurcht? Bin ich Knecht der Dinge durch Habsucht, Neid, Begehrlichkeit? Bin ich Knecht meiner Natur? Durch Leidenschaft, Fehler, Unordnung? Wo sitzen meine stärksten Fehler? Wie äußern sie sich?" So muß man langsam ein Bild von sich selbst bekommen. Besonders praktisch ist es, nachzudenken, sobald irgend etwas vorgekommen ist. Nach einem Zusammenstoß zum Beispiel, oder einer Auseinandersetzung, fragt man sich: „Wie ist es denn eigentlich dazu gekommen? Worin habe ich Schuld gehabt?" Aber ehrlich die Wahrheit sehen wollen! Die Eitelkeit darf die Sache nicht so drehen, daß man selbst unschuldig dasteht! Ein Philosoph hat ein boshaftes Wort gesagt: Das Gedächtnis spricht: „Das hast du getan. Der Stolz erwidert: Das kann ich nicht getan haben. Und — das Gedächtnis gibt nach!" Also sehen wollen! Was sitzt wohl in mir und hat mich so weit gebracht? Man hat irgend etwas Unrechtes getan; da faßt man sich selbst fest an und fragt: „Warum? Wie kommst du dazu? Ist es schon öfter vorgekommen? Steckt etwas in dir, was dich dahin treibt?" Nach einem Mißerfolg prüft man sich: „Was hat da versagt? Was war schuld? Unbesonnenheit? Unordnung? Schwäche? Unzuverlässigkeit?" In solchen Augenblicken ist das Gewissen wacher, der Blick heller, die innere Stimme klarer. Man muß sie ausnutzen. Oder man überschaut einmal am Ende eines Monats, Semesters und so weiter die vergangene Zeit und fragt sich ernstlich: „Wie ist es gegangen? Was hast du recht gemacht? Woran hat es gefehlt? Wie war es mit der Arbeit? Wie hast du zu den Angehörigen gestanden? Wie zu den Kameraden? Zu den Lehrern? Vorgesetzten, Untergebenen?" Man kann auch die Gewissenserforschung vor der Beichte hierfür benutzen und sich längere Zeit auf einen bestimmten Fehler hin beobachten.

Mit alledem meine ich gewiß nicht, wir sollten immer auf uns selbst blicken, uns beobachten und zergliedern. Das würde unser Gemüt zerrütten. Ängstlichkeit, die überall Fehler sieht; Skrupelhaftigkeit, die überall meint, schuldig zu sein, ist fast noch schlimmer als unbefangene Blindheit, denn sie verfälscht das Gewissen und macht es unsicher. Aber klar sehen zu wollen ist nötig. Dazu muß man sich von Zeit zu Zeit prüfen. Nur muß es in Wahrhaftigkeit geschehen, mit einem Blick, der auch wirklich sehen will, unbestechlich das Böse bös nennt, das Wichtige wichtig. Der nicht beschuldigt und beschönigt, sondern Klarheit sucht. Daraus kommt jene Wahrheit, die freimacht.

Mit Einsicht allein ist es nicht getan; es gehört auch das Handeln dazu: Zucht und Opfer. Wahre Freiheit wächst nur aus der Zucht. Wer dir von Freiheit spricht und du merkst, sie kommt ihm nicht aus der Zucht, dem glaube nicht. Es ist Schwindel, und wenn die Worte noch so prächtig klingen. Richtig frei sind wir nicht von Natur — ich meine die geistige Freiheit, also nicht nur, daß man nach Belieben rechts oder links gehen kann. Ob wir jene erringen, hängt von der Zucht ab. Und zwar von einer ganz redlichen und treuen. Beständiger Kampf gegen die Fesseln von außen und vor allem von innen gehört dazu, Tag um Tag. Beständige Selbstüberwindung gehört dazu. Dabei darf man sich nicht zuviel vornehmen; weniges, vielleicht nur eines. Zum Beispiel gewissenhaft zu arbeiten und alle Aufmerksamkeit darauf zu richten. Wird es darin besser, dann wirkt das auch auf alles andere hinüber, denn der Mensch ist ein lebendiges Ganzes. Vielleicht faßt man den Entschluß noch genauer: „Ich will meine Schularbeiten gediegen machen; oder die häusliche Arbeit." Etwas ganz Bestimmtes und Klares müssen wir wollen. Abends prüfen wir uns, wie es gegangen ist (Gewissenserforschung); morgens erneuern wir den Beschluß. Das führen wir längere Zeit durch, bis wir merken, es wird innerlich fester. Dann wechseln wir aber und fassen etwas anderes ins Auge. Die Entschlüsse verlieren mit der Zeit an Kraft; man gewöhnt sich an sie. Darum muß man von Zeit zu Zeit einen neuen nehmen und bekommt dann wieder frischen Schwung.

Das ist rechte Zucht: Fest anfassen, tapfer kämpfen, immer wieder ansetzen. Und richte dich von Anfang an auf lange Zeit ein. Kleinigkeiten, zum Beispiel irgendeine Unart, kannst du bald wegschaffen. Aber die wirklichen Fehler sitzen so tief im Menschengewächs, daß du Jahre brauchst, um mit ihnen fertig zu werden. Vielleicht wird es am Anfang sogar schlimmer damit. Solange man die Sache gehen ließ, fühlte man sie gar nicht besonders. Faßt man aber zu, dann gerät in der Seele alles in Bewegung. Gerade das Aufmerken und Kämpfen bringt zuweilen die ganze Kraft des Fehlers erst recht zum Ausbruch. Da heißt es dann nicht irre werden und aushalten!

Auf eines möchte ich besonders aufmerksam machen: Es kann sein, man kommt gar nicht voran. Immer wieder die gleichen Fehler, so daß der Mut sinken will. Aber man muß das Menschenwesen kennen. Vielleicht geht es wirklich in dem besonders Vorgenommenen nicht voran, dafür aber in anderem. So ringt etwa einer lange mit seinem Zornmut und wird damit nicht fertig; aber ohne daß er es merkt, wird er gütiger gegen die andern. Gerade, daß er so schwer kämpfen mußte und so tief seine Schwäche fühlte, hat ihn dazu gebracht. Ein zweiter müht sich, ordentlicher zu werden, oder sorgsamer im Arbeiten. Und immer wieder schlägt es fehl. Doch ohne daß er es merkt, wird er leichter Herr über eine Leidenschaft. Das ständige Ringen um die Ordnung hat ihm die Kraft gegeben, daß er dem Trieb gegenüber nicht mehr so leicht den Kopf verliert. So hängt im inneren Leben alles zusammen. Was an einem Ort gewirkt wird, wirkt auch in die anderen Teile hinüber. Also nie den Mut verlieren!

Eine besondere Art von Zucht ist noch wichtig: Die Ordnung. Es mag seltsam klingen, wenn man sagt, die Freiheit komme aus der Ordnung, wo man sich doch gewöhnt hat, den freiesten Menschen im ungebundenen Vaganten zu sehen, der immmer nur aus dem Augenblick lebt und sich an nichts bindet. Frei sein heißt aber, daß unser Inneres unabhängig sei vom Äußeren, das Tiefe vom Oberflächlichen, das Ewige vom Augenblick, das Edle vom Wertlosen. Das Edle, Ewige, Innere muß aber geschützt werden, damit das Wertlose, der Augenblick, Oberfläche und Äußerlichkeit es nicht überrennen. Und das geschieht durch die Ordnung. Keine spießige Kleinlichkeit also, sondern Ordnung als Mittel, um das Eigentliche in uns frei zu machen. Dahin gehört vor allem die äußere Ordnung auf dem Tisch, im Zimmer, im Schrank. Wem alle Sachen durcheinanderliegen, als hätten Papier und Bleistift und Bücher und Kleider Beine und liefen immer wieder dahin, wo sie nicht hingehören, der ist nicht Herr seiner Umgebung. Und zwar deshalb, weil die Unordnung in ihm selber steckt. In ihm selber läuft es durcheinander. Um die Ordnung ringen, bedeutet also für ihn ein Ringen um die Freiheit; ein Ringen des Geistes gegen die Unordnung im eigenen Inneren. So auch mit der Ordnung im Tagewerk: Daß Aufstehen, Arbeiten, Erholung und Ruhe zur rechten Zeit geschehen. Nicht engherzig, aber streng. Wer es nicht fertig bringt, zur rechten Zeit anzufangen und aufzuhören, ist mit einem Stück seines Wesens Knecht, sei es der Stimmung oder der Gesellschaft, oder der Hindernisse und Zufälle. Also Ordnung bei der Arbeit: Was zuerst, was nachher getan werden muß; und zwar nicht danach, wie es einem Vergnügen macht, sondern wie es notwendig ist. Ordnung auch im Innern der Arbeit: Das Buch richtig lesen; im Zusammenhang, nicht das Letzte zuerst. Die Seite sorgsam lesen, Zeile um Zeile. Was da steht, durchdenken. Was man nicht versteht, nachschlagen oder sich darüber befragen. Eine Arbeit gewissenhaft durchführen, nicht nach Einfällen. Die Sache fertig machen, nicht nach ein paar Würfen aufhören. Dann noch tiefere Ordnung im Denken: Wirklich eindringen. Eine Frage durchdenken. Nicht aus dem Handgelenk heraus entscheiden, sondern aus genauer Überlegung. Die Gedanken in einer Reihe durchführen, nicht aber von einem auf den andern springen. Sich durch neue Einfälle nicht aus der Linie bringen lassen, sondern geradeaus denken, Schritt um Schritt.

Noch ein dritter Weg führt zur Freiheit: Die Gemeinschaft. Doch muß man sofort hinzufügen: Die rechte. Falsche Gemeinschaft bindet, das haben wir ja gesehen, durch Furcht, Herrschsucht, Gewalttätigkeit. Die rechte aber hilft ins Freie. Schon, daß einer mit Andersgearteten leben und auf sie Rücksicht nehmen muß, löst Fesseln. Wer immer allein geht, verspinnt sich in seine Eigenart, bis er überhaupt nicht mehr herauskann. Lebt er aber mit anderen, so trifft er bald mit dieser Art zusammen, bald mit jener. Er muß der fremden Art standhalten. Da spürt er ihr Wesen, erfährt ihren Einfluß, sucht sie zu verstehen, fragt sich, worin sie recht hat, worin unrecht, nimmt Rücksicht, geht auf sie ein, um mitreden, mitarbeiten zu können... Durch all das wird sein Blick weiter, sein Verständnis freier. Es geht ihm wie einem Menschen, der aus dem engen Kreis von Familie und Heimat in die weite Welt hinausgeht. Er kann freilich auch dem Fremden erliegen und sein Bestes verlieren, aber das muß nicht sein. Wer hingegen am eigenen Wesen festhält, wird ausgeweitet. Er gewinnt Lebenserfahrung, wird urteilsfähig und bewegungsfrei.

Er überschätzt sich selbst nicht mehr, sondern sieht die eigene Art als eine Menschenweise unter anderen. Ja, gerade an der fremden versteht er die eigene besser. Wie oft geht einem erst auf, daß ein Fehler doch recht häßlich ist, wenn man ihn an anderen sieht. Wie oft wird man irgendeiner guten Kraft so recht froh, wenn man sieht, wie sie anderen fehlt, oder aber, was andere aus ihr machen. Gerade im Gegensatz zu fremder Art spürt man oft erst die eigene, und verwächst mit ihr, wenn sie gegen Unverstehen oder Ablehnung durchdringen muß.

Die beste Gemeinschaft ist die mit dem rechten Freund und Kameraden. Das Wesen der Freundschaft besteht doch darin, daß der eine den andern gut haben will, vollkommen. Das Wesen der Kameradschaft, daß der eine den andern tüchtig haben will im gleichen Werk. So muß er aufrichtig gegen ihn sein und sagen, wo es fehlt. Eine Freundschaft steht so hoch im Wert, als der eine wahr ist gegen den andern, und dieser des andern Aufrichtigkeit annimmt. Ich kenne Freunde, wenn die sich nach einiger Zeit wiedersehen, dann schaut jeder sich den andern genau an. Nicht wie ein heimlicher Späher, sondern offen. Und dieser weiß es, und hält dem stand. Und dann sagt jeder in aller Ehrlichkeit: „Du, das scheint mir richtig, das nicht ..."

Solche Aufrichtigkeit ist schwer. Es ist schwer, sich etwas sagen zu lassen. Oft bäumt sich alles auf gegen ein Wort. Denn die Freundschaft ist keine ganz einfache Sache. Trotz aller Treue spielen allerlei leise Gefühle der Eifersucht, versteckte Abneigungen, Reizbarkeit und dergleichen Unklares mehr in die gute Gesinnung hinein. Es ist, als ob von irgendeinem dunklen Untergrund her allerlei Fremdes in die helle Meinung der oberen Seele heraufstiege. Schon manche Freundschaft ist daran zerbrochen, daß man auf den „anderen Menschen" im eigenen Innern nicht geachtet hat. Der wehrt sich oft heftig gegen eine solche Mahnung; nimmt sie als Anmaßung, Schulmeisterei, Herrschsucht, Überlegenheit. Da entscheidet es sich, ob die Freundschaft Tiefe hat, Kern, oder ob sie bloßes Oberflächengefühl war.

Schwer ist es aber auch oft, dem Freunde etwas zu sagen. Zuweilen will es einem gar nicht über die Lippen. Man weiß doch, wie es mit einem selber steht und kommt sich wie ein Pharisäer vor, wenn man dem

Freunde etwas sagt. Man will nicht unzart sein. Manche Dinge fallen besonders schwer. Viel leichter sagt man einem, er solle seinen Hitzkopf mäßigen, als daß er genau bei der Wahrheit bleiben oder sauber in Geldsachen sein soll. Jenes war bloß Leidenschaft, dieses geht an die Ehre. Noch schwerer scheint es mir, etwa einem sagen zu sollen, er möge sich reinlicher halten oder ziemlicher essen; denn in solchen Dingen wird der Mensch am leichtesten empfindlich. Aber es muß doch sein, und man tut dem Freund einen schlechten Dienst, wenn man aus solcher Rücksicht schweigt. Besinn Dich, wie Du es sagen kannst, vornehm, warte den rechten Augenblick ab, und dann ehrlich heraus damit! Der erste Augenblick nachher ist ja nicht gerade sehr angenehm, aber später dankt er es Dir.

Noch einen Helfer gibt es zur Freiheit: Den Gegner. Eine Meisterleistung freilich, ihn zu nutzen! Denn zunächst wollen Zorn, Empfindlichkeit, Sorge, Rachsucht einem den Blick ganz verschließen und in dem Gegner nur den leibhaftigen Teufel sehen. Aber weißt Du, Haß sieht scharf, Abneigung läßt sich nicht täuschen. Wer zu nutzen weiß, was die sehen und sagen, der wird viel Wahrheit über sich hören. Harte, böse, unerfreuliche, aber Wahrheit! Oft klarer und unbestochener, als der beste Freund sie bietet. Darum hat einer vom „besten Feind" gesprochen, der uns ganz unerbittlich vor das Entweder-Oder stellt. Der in alle Selbsttäuschungen, in alle geruhsame Selbstzufriedenheit hineinfährt: „So bist du, Kerl! Wehr dich!" Da entscheidet sich, was es mit dem Freiheitswillen auf sich hat und mit der vielberufenen Wahrhaftigkeit: Wie er sich wehrt. Tut er es so, daß er bloß gegen den Mann Lügenfront macht, sich mit tausend Gründen vor dessen Kritik verschließt — und solche Gründe gibt es natürlich zu Haufen, denn feindselige Kritik tut immer auch unrecht! Sucht er zu beweisen, daß der drüben ein übler Kerl ist, und nichts in ihm als Bosheit, Gemeinheit, Verblendung? Dann hat er den Kampf verloren, auch wenn er den Gegner mundtot macht. Oder aber er wehrt sich so, daß er bei aller gerechten Verteidigung sich fragt: „Warum trifft mich das so tief? Ob er nicht in manchem recht hat?" Nimmt sich's zu Herzen, macht es besser — und dann hat er gesiegt, auch wenn der drüben scheinbar das Feld behauptet. Die „Gemeinschaft der Feindschaft" — das ist wohl des Freiheitswillens Meisterprobe!

So kommen wir der Freiheit näher. Langsam; aber wir kommen voran. Vom Tiefsten freilich der Freiheit habe ich noch gar nicht gesprochen: Vom Freisein für Gott. Davon, daß ein Mensch allmählich die Anhänglichkeit an die Dinge überwindet, um Gott gehören und Gott besitzen zu können. Aber davon zu reden wäre eine Sache für sich!

Zum Nachdenken: Es hat lange nichts mehr darüber in diesen Briefen gestanden. Ich habe gemeint, Du brauchst diese Anregung nicht mehr. Vielleicht ist es zwischendurch aber doch wieder einmal gut.

Freiheit und Unrecht tun. Um Verzeihung bitten und verzeihen. Unrecht gutmachen. — Freiheit und Treue. Wenn die Treue drückt; wenn wir meinen, von anderen mehr haben zu können. — Freiheit und Leiden.

Äußerliche Fesseln. Schmerzen, Gebrechen, Schwächen. — Anderen zur Last sein; andere als Last empfinden. — Die Fehler des Nächsten. — Freiheit und Wohltun. Dankbarkeit, Feinfühligkeit.

Achter Brief

SEELE

Dieser Brief hat eine richtige Geschichte ... Eigentlich haben sie alle eine. Wenn ich sie hernehme, dann sehe ich, wie es hinter ihnen zurückgeht, oft durch lange Jahre. Mancherlei Erlebnisse tauchen auf, manches Antlitz schaut her, lang Geschehenes ersteht wieder. Aus einem Gewoge von Gestalten und Ereignissen, gleichgültig für den Fremden, aber bedeutungsvoll für den, der mit ihnen verbunden ist, sind sie heraufgestiegen. Dann mußte noch eine gute Stunde kommen, all das lebendig durchwirken, und endlich stand der „Brief" da. Und war er geraten, so hatte er keine Nähte und war wie ein lebendiges Antlitz, in welchem jeder Zug sitzt, wie er sitzen muß. Alle diese Briefe haben ihre Geschichte. Darum geht es mit ihnen auch so langsam. Man muß warten, bis sie wachsen. Sobald man Lebendiges zwingen will, verkümmert es. Es muß Zeit haben. Und Dienst am Leben bedeutet vor allem Wartenkönnen. Freilich muß man auch wissen, wann es Zeit ist und zugreifen, denn heute ist die Frucht reif und man kann sie pflücken; morgen ist es vielleicht schon zu spät ... Solch eine Geschichte hat auch dieser Brief. Es ist nicht zufällig, daß ich gerade bei ihm auf das Warten komme und das Wachsenlassen. Denn von solchen Dingen soll er ja selbst handeln. In Niederholtorf, einem stillen Dörfchen nicht weit vom Siebengebirge, in meinem hellen Zimmer, wo wir so oft beisammen saßen, sind seine Gedanken zum ersten Male erwacht. Dann kam ein Abend in Werl in Westfalen; da wurden sie in einem Gespräche so stark, daß ich meinte, nun müsse ich sie niederschreiben, aber noch war es nicht Zeit. Sie gingen mit in das laute Berlin und wieder nach Holtorf zurück, dann nach Rothenfels und Grüssau und nun sitze ich in Potsdam, und beginne zu schreiben, denn ich weiß, es ist Zeit.

Bei diesem Brief besonders war das Warten nötig, denn von stillen und tiefen Dingen soll er sprechen: Von der Seele. Das Wort meine ich in jenem besonderen Sinne, den es in der deutschen Sprache hat; dem ganz tiefen, reichen und innerlichen. In einem früheren Brief war vom rechten Mannestum die Rede. Davon, daß einer unerschrocken sein muß und aufrecht durch die Welt gehen. Daß er sein Spiel vornehm führen muß und seinen Kampf tapfer, und sein Werk klar gestalten mit fester Hand. Heute kommt ein anderer Ton in all das hinein. Er gehört dazu, sonst würde es laut und äußerlich: Von der Seele. Viel kann man ja nicht von ihr sagen, aber von einigen Tugenden soll dieser Brief handeln, in denen ihre Kraft sich besonders offenbart und sie selber wächst und erstarkt: Vom Schweigen, vom Einsamsein, vom Ruhen und Warten.

Schweigen ist mehr, als daß einer nicht redet. Es ist eine Fülle in sich selbst. Wer redet, gibt aus. Er gibt her, was er erkannt, was er erlebt hat. Die Kraft seines Herzens ergießt sich in das Wort. Wir wissen, wie müde ein Gespräch machen, wie man sich nachher ganz leer vorkommen kann. Wer schweigt, holt ein. Die innen strömende Lebenskraft sammelt sich wieder auf. Die Einsicht wird klarer, die inneren Bilder werden stärker. Wer redet, wird laut. Er strengt sich an. Er formt Gedanken, wendet sich an den anderen, will ihn überzeugen, gewinnen, überwinden. Das Innere spannt sich in das Wirken des Wortes. Wer aber schweigt, wird still, absichtslos gelöst und frei ... Beim

Reden hört man nicht, schaut man nicht, sondern ist eingefangen in das eigene Ringen und Formen. Dem Schweigenden hingegen stehen die Augen offen, und das Ohr lauscht, und das Herz wird weit. Er kann schauen und spüren und vernehmen. Wir haben das alle schon erfahren. Wir gingen unser mehrere durch das Land und sprachen. Unwillkürlich blickten wir zu Boden, damit uns die Gedanken fest in der Hand blieben, und ringsherum sang es, und wehte der Wind, und breiteten sich die Felder. Die Bäume standen hoch und darüber spannte sich der Himmel. Wir aber sahen und hörten nichts von alledem. Gingen wir aber allein, dann war Aug' und Herz offen. Wir sahen die Farben und Gestalten und spürten den Raum mit seiner Fülle ... Erst das Schweigen tut uns das Ohr auf für den inneren Ton in allen Dingen, in Tier und Baum und Berg und Wolke. Die Natur wird stumpf für den, der immer spricht. Und auch im Wort des anderen Menschen vernimmt nur ein Schweigender das Eigentliche; das, was unter den groben Begriffen schwingt; das, was gemeint ist; den Ton, der es umspielt und macht, daß ein Wort oft ganz anderes bedeutet, als es äußerlich sagt ... Und nur, wer schweigen kann, vernimmt Gott. Die leise Stimme, die uns sagt, was der Sinn ist von diesem Unglück, von jener guten Stunde, von einer Begegnung, einer Fügung! Die leise Stimme, die darin warnt und mahnt — wer immer redet, vernimmt sie nicht.

Schweigen heißt nicht stumm sein, ganz gewiß nicht. Richtiges Schweigen ist das lebendige Gegenspiel des rechten Redens. Es gehört dazu, wie Einatmen zum Ausatmen. Oder kann man dieses ohne das andere?

Im Reden haben wir Gemeinschaft, durch das Wort empfangen wir und teilen mit. Ohne Sprache würde die innere Welt uns drücken. Das rechte Wort befreit. Aber das rechte muß es sein, und in lebendiger Beziehung stehen zum Schweigen. Das Schweigen ist Quelle des Redens. Man hört es dem Sprechen an, ob es aus der Stille kommt oder nicht. Was aus dem Schweigen herkommt, ist rund und voll, wie ein Lied am Morgen aus erquicktem Herzen. Es ist kräftig und frisch wie die Blumen, die auf den Höhen wachsen. Gib einmal acht, wie viel klarer geformt sie sind; wie fest Stengel und Blätter und die Farbe ihrer Blüte so tief und stark zugleich. So sind die rechten Worte. Reden ohne Schweigen wird Geschwätz. Im Schweigen allein strömt das Leben, sammelt sich die Kraft, wird das Innere klar und Gedanken und Gefühle bilden sich zu reiner Form. Aus dem Schweigen heraus gewinnt das innerlich Gemeinte wesenswahre Gestalt. Das Wort ist inneres Leibwerden des Geistes; Geborenwerden des Geschauten zu wahrhaftiger Gestalt — denkst Du an das Geheimnis der heiligsten Dreifaltigkeit, darin der Sohn das „Wort" des Vaters ist? Aber in göttlich tiefem Schweigen geschieht sein Hervorgang. Und „als alle Dinge im tiefsten Schweigen lagen und die Nacht auf ihrem Laufe die Mitte erreicht hatte, da, o Herr, ist Dein göttliches Wort vom königlichen Stuhl herabgestiegen in unsere Welt", sagt die Liturgie der Weihnachtszeit.

Nur wer recht schweigen kann, kann recht sprechen. Voll und klar wird das Wort nur, wenn es aus der Stille kommt. Wie tief habe ich gefühlt, daß Schweigen eine Fülle ist, damals am Main. Ich lag am Fluß und alles schwieg im Tal; kein Vogel sang, kein Mensch kam vorbei und kein Wagen. Alles war still, auch in mir. Aber wie war alles so reich! Voll von Leben, von Wesen, von der großen Fülle, die auf dem Grunde aller Dinge liegt.

Einsamsein ist mehr, als daß keine Leute da sind. Es ist eine Fülle in sich selbst. Wer zu andern geht, geht von sich weg. Er richtet sich zu einem hinüber. Er schaut in die andere Welt dort, tritt in sie hinein durch Aug' und Ohr. Wer aber einsam ist, holt sich selbst zurück, er „kommt zu sich". Wir haben so tief unter den Menschen gesteckt, in Gesprächen, fröhlichen oder traurigen, in Spott oder Streit, in Arbeit und im Treiben des Berufes. Wie waren wir oft so „außer uns" vor Entrüstung oder Zorn, daß wir „uns selbst nicht mehr kannten"; daß wir „uns vergaßen". Da redeten wir, was gar nicht aus dem Eigentlichen in uns kam! Taten, was uns nachher ganz fremd erschien. Bis wir dann in die Einsamkeit gingen. Von den Kameraden weg, aus dem Kreise, aus der Familie, aus dem Lärm der Arbeitsstätte heraus, und dann „kamen wir wieder zu uns selbst". Wir sahen uns selber wieder. Sahen, was wir getan; hörten, was wir gesagt, und nun alles im richtigen Lichte. Wir besaßen uns wieder. Wir konnten beurteilen, was geschehen war, in Selbstbesinnung und Reue von uns tun, was nicht recht gewesen und uns wieder auf den richtigen Weg stellen. So bedeutet Einsamkeit wohl, daß man äußerlich allein, vor allem aber, daß man innerlich bei sich selbst sei. Wirklich einsame Menschen können mitten unter den anderen sein, im Lärm der Straße, im Getriebe der Arbeit, und doch bei sich. Die Einsamkeit liegt um sie wie ein stiller Kreis, der nur einläßt, was hereingehört. Daß einer sich selber klar sei; daß er die Verantwortlichkeit seiner Handlung spüre; daß er Herr werde über sich — alles, was Persönlichkeit heißt, erwacht in der Einsamkeit.

Das alles bedeutet gewiß nicht, man solle die Menschen fliehen oder dürfe ihrer Gesellschaft nicht froh werden. Einsamkeit ist nicht Menschenscheu oder Verlassenheit, so wenig Schweigen bedeutet, daß man stumm bleibe. Wir brauchen die anderen, sollen aber nicht immer zur Herde laufen. Ja, betrachtet man es recht, so gehört Einsamkeit und Gemeinschaft tief zusammen, wie Schweigen und Reden, wie Ein- und Ausatmen. Recht gemeinsam kann nur sein, wer auch in der Einsamkeit zu Hause ist. Denn Gemeinschaft bedeutet doch, daß man dem anderen geben könne und von ihm nehmen; daß ein lebendiger Strom von einem zum andern gehe, wirklich ein Hinüber und Herüber. Sonst ist nicht Gemeinschaft, sondern Geschäft oder ein Haufe von Leuten. Wo aber entspringt jener Strom? Das, was man geben kann? Die Ehrfurcht, die Freundlichkeit, die Liebe, das gute Wort, die helfende Tat? Nur in der inneren Tiefe; im Herzen, das in sich selber gründet. Das alles aber tut sich in der Einsamkeit auf. Und wiederum tut sich nur dort auf die innere Erschlossenheit, das Aufnehmen- und Bewahrenkönnen. Und noch eines: Rechte Gemeinschaft bedeutet, daß bei aller Wärme und Nähe des Gebens doch eine Grenze sei; jeder klar in sich stehe, und in Ehrfurcht vor dem andern. Sonst ist keine Gemeinschaft, sondern Herde. Aber auch diese Ehrfurcht und diese Selbstbewahrung lernt man in der Einsamkeit.

Man merkt es einem Menschen an, ob sie hinter ihm steht. Es ist oft schwer, in ihr auszuhalten, sehr schwer. Es gibt Leute, die können kein Glück allein haben, sie müssen es zum andern tragen; kein Leid mit sich allein ausmachen, sie müssen es sich vom Herzen herunterreden. Gewiß, das darf man. Das Glück wird reicher, wenn man es teilt, und das Leid drückt dann nicht mehr so schwer. Aber man muß auch schweigen können. Allein standhalten und etwas mit sich selbst ausmachen. Geht man dann aus solchem Alleinsein zu den anderen, dann ist man stark und reich zum Schenken.

Vom Ruhen wollen wir noch sprechen, und daß es mehr ist, als bloß nicht Arbeiten; daß es eine Fülle ist in sich selbst. Wenn wir arbeiten, schaffen, streben, dann ist unsere Seele unterwegs, dem Ziele zu, weg vom Jetzt in die Zukunft. Das ist herrlich. Dieses starke Voran. Das Leben braust dahin, wenn es so vorangeht, dem Ziele zu. Wenn es aber das Einzige wird? Wenn alles zu einem Streben und Arbeiten wird? Wenn unsere Seele immer nur auf ein Ziel geheftet bleibt, in der Zukunft, und ist das erreicht, dann wieder auf ein anderes Ziel? Ist ein Streben vorbei, dann packt uns wieder ein neues, und so immer weiter? Was geschieht dann? Dann wird aus unserem Wesen die Tiefe herausgenommen, der Grund, der Halt. Alles hetzt „Voran!", aber es ist nichts Lebendiges mehr da, was vorantragen könnte! Das Ziel wird Schein. Das Streben wird Jagd! Es gibt keinen Besitz mehr, kein Freuen, keine Versenkung ... Willst Du das alles in leibhaftigen Gestalten sehen? Dann geh auf die Straßen unserer Städte, wenn die Menschen zum

Geschäft hasten. Morgens; oder wenn sie zum Vergnügen laufen, abends, sonntags. Überall Lärm, überall Jagen. Wie grauenhaft ist solch ein Gespenst des Lebens! Was mag Gott davon denken in seiner Ewigkeit? Wenn wir nachts hinausgehen aufs stille Feld ... vielleicht erhebt sich irgendwo eine Höhe, alles rings sinkt ab, und wir stehen ganz frei, wie hinangehoben an die gelassene Pracht der Sterne, so gesättigt mit Ewigkeit — und in ihrer unfaßbar langen Dauer sind sie doch nur ein kurzer Augenblick vor dem ewigen Gott. — Was sagt dieser Gott zu unserem Treiben? Wären wir Heiden, dann müßten wir denken, er lache über uns. So aber wissen wir, daß er die Liebe ist, und denken mit bittendem Herzen, daß er voll Mitleid auf unsere Torheit herabschauen möge ...

Ruhen bedeutet, daß wir aus der Jagd nach dem Ziel heraustreten; aus dem Hindurchrasen durch das Jetzt. Daß wir innehalten und stehen. Daß wir Gegenwart haben. Solange der Mensch nur vom Gestern zum Morgen hastet, ist er der Zeit verfallen. Weiß er aber zu ruhen, taucht die Gegenwart in seiner Seele auf, dann ist er mit der Ewigkeit verbunden. Ruhen können, heißt offen sein nach der Seite der Ewigkeit hin. Heißt, den Drang und die Hast überwunden haben. Dann wird man sichtig für das, was bleibt; für das Wesen. Wer ruhen kann, dem sind die Augen für das Ewige aufgetan. Er allein schaut das Bleibende, das Wesenhafte. Er allein besitzt. Er allein weiß, was Freude ist. Er allein weiß, was Friede ist. Nur das ruhige Herz fühlt tief und groß. Nur das ruhige Herz hat Dauer: „Nicht die Stärke, sondern die Dauer der Gefühle entscheidet über den Rang eines Menschen“, hat einer gesagt. Aber Dauer wurzelt in der Gelassenheit.

Wer ruhen kann, wird ruhig. In dessen Seele kommt die Ruhe; nicht als ein Aussetzen der Arbeit, sondern als ein innerer Ton, der alles durchzieht. Als ein Gleichmaß, das alles erfüllt.

Ruhen bedeutet nicht müßiggehen. So wenig, daß erst aus der Ruhe das rechte Wirken entspringt. Denn das kommt aus der Schau des Ewigen; aus seiner Berührung mit dem, was bleibt. Die Ruhe ist für das Werk, was die stille Erde für die Pflanzen ist. Sie gibt Kraft und Fülle und Dauer. Sie ist die Seele des Schaffens, macht es reich und fruchtbar. Und aus solchem Schaffen kehrt die Seele dann wieder in ihre Ruhe zurück. Ruhen und Schaffen, — auch dazwischen gehen die Atemzüge des Lebens. Diese Gedanken führen zum Vierten, zum Warten. Auch das ist eine Fülle in sich selbst, nicht etwa bloß, daß einer noch nicht handle. Es gibt Menschen, die haben kein Gefühl für das tiefe Gesetz, nach dem alles Echte wird. Sie meinen, man könne alles machen. Sie meinen, man könne alles sagen, alles lesen, alles tun, alles genießen. Und jeder könne es und zu jeder Zeit. Wartende Menschen wissen, daß dies Pöbelgesinnung ist. Sie wissen um die tiefe Wahrheit, daß alles „seine Zeit“ hat. „Alles hat seine Zeit“, sagt das Buch des Predigers. „Ihre Zeit die Geburt und seine Zeit der Tod. Seine Zeit das Pflanzen und seine Zeit das Ausraufen... Seine Zeit das Weinen und seine Zeit das Lachen... Erwerben und Verlieren, Bewahren und Weggeben... Schweigen und Reden...“ Alles! Jedes Buch hat seine Zeit, lesen wir es vorher, dann verstehen wir es nicht, oder falsch, oder es verwirrt uns. Ein Gedanke hat seine Zeit. Da ist er reif und wirkt Leben. Zur Unzeit ausgesprochen, verkümmert er oder geht verloren, oder richtet Unheil an. Jedes Werk hat seine Zeit. Arbeiten und Ruhen, Freuen und Ernstsein. Wir glauben doch, daß der weise Gott alles geordnet hat. Wir glauben doch, daß jeder Gedanke und jedes Werk und jeder Mensch in seiner Vorsehung steht. So müssen wir auch einen Sinn dafür gewinnen, wann es Zeit ist für alles: Wir müssen warten können.

Der wartende Mensch weiß: Das Tiefste, Beste kann man überhaupt nicht machen, es wird. Gott schafft es, und die Natur, seine Magd. Dem muß man Zeit lassen, Raum geben. Auch das heißt, warten können. Freilich wird nichts „von selbst"; man darf nicht die Hände in den Schoß legen, sondern muß das Seine tun, aber zur rechten Zeit; das rechte Wort, das rechte Werk. Dann gedeiht es und schafft Gutes. Auf diese rechte Zeit aber muß man achten, und das heißt wiederum warten. Warten bedeutet also, daß man dem schaffenden Gott freie Bahn gebe; freie Bahn der wirkenden Natur. Zugleich aber auch horchend sei, gehorsam für die rechte Zeit. Das gleiche also, im Grunde, wie Geduldhaben. Von der Geduld hat unser Herr ein so wunderbares Wort gesprochen: „Wenn Ihr geduldig seid, so werdet Ihr darin Eure Seele besitzen." Wir haben uns selber nicht, wenn wir ungeduldig hasten. Wir rennen immer an uns selbst vorbei. Wir sind in der Gewalt jeder Angst und Leidenschaft und Verlockung. Erst die Geduld gibt uns uns selber in die Hand.

Das alles können wir nicht mehr, nicht wachsen und

nicht reifen lassen. Wir wollen alles machen, zwingen, treiben. Dabei gibt es Gewalttat über Gewalttat, verbogene Menschen, verkümmerte Werke, ein Treibhausleben, das den Tod bei der Geburt schon im Herzen hat. Organisierte Werke, statt gewachsener; durchhetzte Leben, statt durchlebter, und wir haben doch nur dieses eine, kurze Leben. Wir haben ganz das Gefühl verloren dafür, wann es Zeit ist für etwas. Jeder liest jedes Buch an jedem Tag. Jeder singt jedes Lied in jeder Stunde. Wir meinen, man kann jedes Gespräch immer führen, jeden Brief jetzt so gut schreiben, wie nachher — wie entwurzelt sind wir geworden! Wie heimatlos unsere Worte, wie ortlos unser Werk!

Wir müssen wieder warten lernen. Gott schafft und wirkt. Wir müssen auf ihn vertrauen. Gelassen müssen wir werden; wissen, daß er das Beste macht, nicht wir. Zugleich aber bereit, wenn es Zeit ist. Wir müssen ein Gefühl dafür bekommen, wann es Zeit ist für Lesen und Schreiben, Sprechen und Arbeiten und Freuen, wann wir allein sein sollen und wann zu den anderen gehen. Ein Gefühl dafür, wann etwas schadet und wann es nützt, wann es genug ist und wann zuviel! Das Gefühl für das „Jetzt".

So merkst Du wiederum, Wartenkönnen und entschlossene Tat gehören zueinander. Das Warten macht, daß die Tat im rechten Augenblick kommt, daß sie in die rechte Umgebung hineingestellt wird, daß sie ihre ganze Kraft hat und ihr Ziel trifft. Warten macht, daß überhaupt eine Tat wird und nicht bloß etwas passiert. Es ist wieder der Atem des Lebens, der zwischen wartender Bereitschaft und entschlossener Tat hin und her geht.

Schweigen, Einsamkeit, Ruhen und Warten — das sind Wege nach Innen. Wege in jenes Tiefe, Stille und Starke, das wir Seele nennen.

Und gehen wir weiter, dann kommen wir zu noch Tieferem. Ich will hier nur kurz darauf hinweisen. Da ist zum Beispiel die Reinheit. Auch die bedeutet nicht etwa nur, daß einer nichts Schmutziges denke oder tue, sondern sie ist eine Fülle in sich selbst. Sie bedeutet, daß der Mensch hell und frisch sei in seinem ganzen Wesen, und jener feine Duft in ihm sei von herber und freudiger Kraft, den man nicht verwechseln kann. „Selig die reinen Herzens sind, denn sie werden Gott schauen." Schauen aber kann man nur aus der Kraft und Offenheit des Seins.

Da ist die Jungfräulichkeit. Wie viele verstehen sie? Sie bedeutet nicht etwa nur, daß ein Mensch allein durchs Leben gehe. Ist es nur das, dann hast Du den Hagestolz und die alte Jungfer, verdorrte, freudlose Menschen, sich und den anderen eine Last. Der jungfräuliche Mensch aber hat Fülle in sich und Kraft des Schenkens. Aber er gibt es Gott allein und darin bleibt er jung und froh. Darin wird er reich und reif und gewinnt jenen heiligen Adel, von dem die Geheime Offenbarung spricht, daß nur solche das Lied des Lammes singen können, die jungfräulich sind.

Und jene Armut, die selig und der das Himmelreich verheißen ist! Sie bedeutet ein Freisein, Herr seiner selbst sein. Wahre Demut ist nichts Kriechendes, sondern kommt aus der Kraft eines adligen Herzens. Von der Freiheit wissen wir, daß sie in den Kindern Gottes erwacht, wenn sie sich ganz Gott zu eigen geben.

Vom Frieden hat der Herr gesagt, daß er seine

köstlichste Gabe an uns sei: „Meinen Frieden gebe ich Euch; den Frieden, den die Welt nicht geben kann." Wahrhaftig nicht bloß ein geruhsames Sitzen ohne Aufregung, sondern aller Lebensfülle und aller Gottesgelehrtheit Inbegriff. Sagt doch die Heilige Schrift, daß Gott „ihn auf uns will niederrauschen lassen wie einen tiefen Strom", und Sankt Paulus weiß von ihm, daß er „ist über alle Vernunft"...

Und die Kraft, in der wir diesen Weg gehen, ist das Opfer. Wiederum: Opfern bedeutet nicht nur Weggeben; nicht, daß wir das schöne, reiche Leben arm machen. Es bedeutet, daß wir eine Habe, oder eine Freude, oder ein Werk nicht selbst genießen, sondern sie in eine höhere Welt hinaufheben, zu Gott. In Gott aber bleibt es unser, wird nur umgewandelt, verklärt, vergöttlicht: „Sammelt Euch Schätze im Himmel, die kein Rost und keine Motten verzehren und kein Dieb raubt." Im Opfer heben wir etwas Kostbares durch die Hingabe hinauf in Gottes Hand; schreiten mit irgendeinem Besitz, oder einer Freude und schließlich mit dem ganzen eigenen Sein ins ewige Leben. Dieses Hindurchschreiten scheint Zerstörung, scheint Verlust, Verneinung. Kann es auch wirklich sein, wenn es erzwungen wird, mürrisch und widerwillig gebracht. Dann zerfrißt es das Leben. Geschieht es aber mit freiem Herzen, aus lauterem Ja heraus, dann ist es ein Aufstieg zu höherem Leben.

Weg zur Seele ist das alles. Um nichts Weichliches handelt es sich dabei. Im Gegenteil! Mit hellen Augen sollen wir in die Welt schauen, frisch zupacken und kräftig unser Werk tun. Aber alles soll aus einer Tiefe kommen, aus einer Stille. Es soll etwas dahinter stehen.

Eine Einsamkeit hinter der Gemeinschaft. Eine Stille hinter dem Wort. Eine Gelassenheit hinter der Entscheidung.

Weil alles das heute weithin verloren ist, darum steht es so furchtbar um uns. Wenn man durch die Stadt geht, durch ihren Lärm, von einer Bahn zur anderen, über die Straßen, wo alles hetzt, an den Läden vorbei, nach denen tausend gierige Augen blicken — muß man seine Seele festhalten, daß sie nicht hinausgerissen wird in all das Rennen und Schreien und Begehren.

Kein Schweigen mehr; Schwätzen ohne Ende. Immer wird geredet, laut, wortreich. Über alles wird geredet, geschrieben, gehört. Nichts bleibt heilig. Nichts ist geborgener Bezirk der Stille, auch das Ehrwürdigste nicht. Alles wird ausgesprochen; alles zerfasert, zerfetzt, ohne Ehrfurcht, noch Scham. In den Zeitungen, in der Gesellschaft, im Versammlungssaal. So ausgebildet ist das Gerede, daß jeder die Worte hat. Alle Worte sind zur Verfügung gestellt, die erhabenen, die scharfen, die feinen, die weisen und tiefen, die aufrührerischen, die erschütternden, alle. Alle Register stehen bereit und werden gezogen — doch nein; eine Weise des Redens ist geborgen in Gottes Schoß: die ganz einfache. Die kann keiner nachmachen, dem sie nicht wahrhaft aus der Stille des Herzens kommt. Aber alle andere Rede klappert und rasselt und dröhnt, und immer weniger sagen die Worte, immer leerer werden sie . . .

Keine Einsamkeit ist mehr. Alle rennen zueinander, in Versammlungen, Vereinigungen, Organisationen. Masse auf den Straßen, Masse in Gasthaus und Belustigungsraum. Masse in den Bildungsstätten, Masse überall. Wer kann noch allein sein? Und darum ist auch keine Gemeinschaft. Herde, Organisation, aber keine Gemeinschaft. Nur aus dem Beisichsein kann man wirklich zum anderen gehen.

Wie keiner schweigen kann, so kann keiner ruhen. „Zeit ist Geld" — kaum sind ruchlosere Worte aus Menschenmund gekommen. Wie ein wildes Gift ist dieser Geist uns in das Blut gedrungen. Nun gehört die Zeit dem Geld, und das Geld will sein Recht, und gibt uns für nichts mehr Zeit als für seinen Dienst. Nicht für die Freude, nicht für das Denken, nicht für Freunde, nicht für Gott. Aus diesem Wirbel kommt keine Tat. Alles redet und schreibt von Taten, aber keine wird. Was in unseren Tagen geschieht, ist ein Rasen losgelassener, wahrlich nicht von Gott geleiteter Kräfte, aber keine Tat. Die kommt nur aus der Einsamkeit, aus der Ruhe, aus dem Wartenkönnen und Reifenlassen.

„Was nützt es dem Menschen, wenn er die ganze Welt gewinnt, aber Schaden leidet an seiner Seele?" hat der Herr gesagt. Oh, die Welt gehört uns! Bald wird die Erde ihre Schätze und Kräfte und ihre Gifte hergegeben haben. Aber was ist aus unserer Seele geworden! Und darum ist uns auch Gott so fern. Denn Gott ist ein verborgener Gott, der in der Stille wohnt. Wohl kann man aus dem Lärm der Fabrik und aus einem gehetzten Herzen heraus beten, und Gott ist jeder Not nahe, sicherlich ganz nahe auch unserer — aber das eigentliche Sprechen mit Gott, das eigentliche Bei-ihm-sein geschieht eben doch in der Stille, in der

Einsamkeit, im Warten, denn „gut ist's, schweigend auf das Heil des Herrn zu harren"...

Was sollen wir tun? Diese Briefe sollen ja nicht bloß zum Denken anregen, sondern auch zum Schaffen helfen. Suchen wir also eine Stelle, wo wir ansetzen können: Wir wollen wieder lernen, den Sonntag recht zu leben. „Gedenke, daß Du den Sabbat heiligest" — was heißt das? Immer wieder kommt im Alten Testament das Gebot. Mit einer geradezu furchtbaren Strenge hat Gott es eingeschärft: Gesteinigt wurde, wer den Sabbat brach. Bis das Gebot dem jüdischen Volk so in Fleisch und Blut übergegangen war, daß es noch heute nach Jahrtausenden lebendig ist. Was will das Gebot? Am Sonntag sollen wir frei sein, und sollen ruhen. Frei von der Arbeit sollen wir sein. „Im Schweiß Deines Angesichtes sollst Du Dein Brot essen", hat einst der Herr gesagt. Und der heilige Paulus: „Wer nicht arbeitet, soll auch nicht essen." Gewiß sollen wir unsere Arbeit gern tun, aber die moderne Vergötterung der Arbeit trügt. Auf jeder Arbeit, auch der höchsten, liegt der Fluch, die Strafe. Nicht für die Arbeit, wie wir sie heute tun müssen, war der Mensch gemacht. Er war für das freie, fruchtbare Schaffen des Paradieses bestimmt. An unserer Arbeit aber klebt das Zeichen der Knechtschaft. „Dornen und Disteln" trägt sie, den Fluch innerer Unfruchtbarkeit; den spürt jeder in irgendeiner Weise, sobald er den Rausch des Schaffens und den Lärm der Erfolge nicht mehr so ernst nimmt. Aber wir müssen sie tun, es ist unsere Pflicht, und sollen nicht essen dürfen, wenn wir sie nicht tun. Wer ißt, und arbeitet nicht, in irgendeiner Weise, der stiehlt. Von diesem Gesetz aber sind wir am Sonntag frei.

Da dürfen wir essen, ohne zu arbeiten. Und Gott verbürgt sich dafür, daß wir zu essen haben, auch wenn wir nicht arbeiten. Am Sonntag gehen wir als freie Kinder Gottes durch die Welt. Am Sonntag geht das Paradies weiter durch diese Geschichte des Leides.

Und ruhen sollen wir am Sonntag. Kein Lärm soll sein; Ruhe. Gott ruhte am siebenten Tage. Nicht als ob er vorher gearbeitet hätte. In diesem Wort „Gott ruhte" offenbart sich die unendliche Tiefe und Fülle des Gotteslebens, aus dem die Schöpfung hervorgegangen war; der Reichtum und das Licht und das Schweigen und der Friede, welcher „ist über alle Vernunft". Davon soll unser Ruhen ein Abglanz sein. Eine Fülle soll unser Ruhen sein, Schweigen und Stille und ein Stehen in reiner Gegenwart, die sich nicht sorgt über das Morgen. Und alles fröhliche Beisammensein, alles Sprechen und Spielen, Wandern und Freuen, alles Schöne und Herzerfreuende, was dieser Tag uns beschert, soll unterfangen sein von Gottes Ruhe.

Nicht wahr, wir haben keinen Sonntag mehr? Weil wir nicht ruhen können! Am Sonntag läuft die Hetze der Woche weiter, nur gilt sie nicht der Arbeit, sondern dem Genuß. Der gleiche Lärm, die gleiche Jagd. Und dabei sagen die begehrlichen oder die stumpfen Mienen, wie leer alles ist. Aber es wird furchtbar, wenn kein Sonntag mehr ist. Nicht umsonst hat Gott dieses Gebot den Menschen so tief ins Herz geschrieben. Die Seele geht zugrunde ohne den Sonntag. Er ist Schutz und Kraft für sie. Der Sonntag ist für die Seele, was die Luft für unsere Brust ist. Wir müssen ihm wieder freien Raum schaffen. Wir müssen ihn frei machen von aller Arbeit, soweit es irgend möglich ist. Dürfen uns nicht entschuldigen, dies oder jenes sei noch erlaubt. Nein, das gerade soll uns ein hohes Werk sein, den Sonntag wirklich frei zu machen. Vorauszuarbeiten, was irgend möglich ist. Gut zurüsten vorher, damit alles rein und fröhlich und geschmückt sei. Rein die Zimmer, hell die Fenster, ein frischer Strauß auf dem Tisch, sauber das Gewand und der ganze Mensch.

Und nun wirklich ruhen. Nicht hetzen, auch nicht im Vergnügen; Leib und Seele entspannen. Das will gelernt sein, wir können das nicht mehr. Gelernt will sein das Hierbleiben, Ruhigwerden, das Stillestehen in der Gegenwart. Sich in ein schönes Buch versenken — hast Du solch ein Feierbuch für den Sonntag bereit? Sich versenken in ein schönes Bild, in einen schönen Gang. Keine wilde Fahrt; die Sonntagswanderung soll still sein, ruhevoll, auch wenn sie weit ins Land hinausführt. Anderen eine Freude machen, aber eine edle ... oh, es gibt so vieles! Denke nur darüber nach, wie Du den Sonntag gestalten kannst, daß er wirklich zum Tag der Kinder Gottes werde. Zum Tag, an dem das Paradies durch die Zeiten geht.

Und dann suchen wir den Sonntag auch in den Werktag zu stellen. Suchen uns eine kurze Zeit der Stille zu schaffen, etwa früh vor dem Morgengebet — lies einmal den Brief über das Gebet. Und abends ebenso. Vielleicht machen wir uns eine Viertelstunde ganz dafür frei und ruhen richtig. Am Anfang wird es schwer sein, wir müssen es lernen. Am Anfang werden, sobald wir uns ruhig niedersetzen wollen, die Nerven mit ihrer Aufregung erst recht anfangen. Wir dürfen aber nicht nachgeben. Nicht gewaltsam, aber mit lösendem, sammelndem Willen sagen wir uns: „Ich will ruhig bleiben. Ruhig hierbleiben. Nicht fortrennen, weder äußerlich, noch auch mit den Gedanken. Was mich da fortziehen will, ist gar nicht so wichtig. Ich kann es auch morgen tun. Jetzt bleibe ich hier." So stellen wir uns aus der Hetze heraus; ganz in die bloße, ruhige Gegenwart. Wir lesen etwas Schönes, versenken uns in irgendeinen guten Gedanken, betrachten ein Bild. Können uns auch den Stuhl an ein Krankenbett rücken, oder zur alten Mutter, oder im Geiste bei einem fernen Freunde sein ... Oder sitzen bloß und lassen es innerlich still werden ...

Siehst Du, von diesen kurzen Augenblicken her bauen wir den Sonntag auf. Wir können ihn nicht ohne weiteres rein verwirklichen; dazu sitzt uns die Unrast der neuen Zeit zu tief in den Nerven. Wir müssen das Ruhen lernen. Auf diese Weise können wir es.

Von hier aus kommen wir dann weiter. Lies einmal nach, was der erste Brief über die Sammlung sagt. Jenes kurze Innehalten im Laufe des Tages ist auch „Sonntag", mitten im Tagewerk. So erringen wir langsam wieder die Kraft des Ruhens, die Kraft des Schweigens, des Still- und Gegenwärtigseins. Und dringen dann immer weiter ein in das Reich wesenhaften Lebens, in das Reich der Seele.

Und von hier aus werden wir in der Welt auch Stärkeres und Besseres vollbringen, als mit tausend aufgeregten Reformen. Aus dem Schweigen lernen wir das wirklich sprechende Wort; aus der Einsamkeit die Kraft wesenhafter Gemeinschaft und aus ruhigem Wartenkönnen die entschlossene, zur rechten Stunde vollbrachte Tat.

Neunter Brief

STAAT IN UNS

Vorbemerkung: Dieser Brief wurde in der letzten Zeit der Weimarer Republik geschrieben und nimmt deshalb auf die besonderen Fragen des Mißbrauchs staatlicher Autorität und staatsbürgerlichen Gehorsams in den Jahren seit 1933 nicht ausdrücklich Bezug. Seine Gedanken über die Grundlagen wahrer Demokratie sind aber unverändert gültig und gerade heute zeitnah.

I. K.

Wenn wir uns einmal umhören, die meisten stehen dem Staat ganz fremd gegenüber. Manchen ist er ein großes Gehäuse, mit allerlei Abteilungen. Darin gehen Leute herum, treiben ihre Geschäfte, haben ihre Kurzweil, leben und sterben, und kümmern sich nicht weiter um das große Haus, als daß sie bezahlen, was gefordert wird, damit sie darin wohnen können. Das Haus aber steht „von selbst". Für andere ist „Staat" soviel wie Beamten, Behörden, alle jene, die etwas zu sagen haben. Der Rest hat guter Staatsbürger zu sein, das heißt zu tun, was die Behörden anordnen. Und wieder andere empfinden den Staat als feindliche Macht; als etwas, das ihnen Gewalt antut, ihre Freiheit beeinträchtigt, ihren Besitz schmälert. Sie stehen in einem seltsamen Kriege mit ihm, suchen sich seiner zu erwehren, und halten ihm gegenüber Dinge für erlaubt, die sie sich sonst sehr zum Vorwurf machen würden ...

Überlegen wir es recht — ist solch ein Staat nicht eine schlimme, ja eine lächerliche Sache? Steht da, und die Menschen laufen darin herum, oder führen einen sonderbaren Kampf dagegen, als wäre dieses Wesen „Staat“ etwas ganz für sich, und ginge sie nichts an?

Aber so ist es doch gar nicht! Der Staat lebt doch nicht von selbst! Gewiß hat er eigene Wurzeln, und seine Autorität kommt im Letzten von Gott. Das aber wird zu einem unwürdigen Sich-Regierenlassen, wenn man darüber vergißt, daß der Staat auch auf unserer freien Tat ruht. Aus dem freien Werke jedes Einzelnen entspringt der Staat. Was jeder aus ihm macht, das ist er. In mir wurzelt der Staat; in Dir! Ludwig XIV. hat einmal mit der Selbstüberhebung des absoluten Monarchen gesagt: „Der Staat, das bin ich!“ Das sollten wir eigentlich alle sagen. Aber ein Wort tiefster Verantwortung müßte es uns sein. Der Staat ist kein Ding, fertig gemacht und hingestellt, sondern etwas, das beständig wird. Er wird — aber nicht von selbst, wie eine Pflanze, sondern wird geschaffen. Und wer schafft ihn? Nicht irgendein geheimnisvolles „Es“, sondern Du!

Wohl muß Ordnung im Staate sein, sonst geht alles aus den Fugen. Aber von Persönlichkeiten verkörpert, die wissen, daß sie nicht Untergebene kommandieren, sondern freien Menschen gegenüber die Staatsordnung vertreten. Und der Gehorsam soll geleistet werden nicht von Bedienten, sondern von Persönlichkeiten, die Gott verantwortlich sind. Wohl kann der Staat den Einzelnen drücken. Immer wieder tritt ja der Fall ein, daß dieser vor dem allgemeinen Wohl zurückstehen muß. Auch viel Gewalttätigkeit hat der Staat geübt, Recht des Einzelnen zerbrochen, Leben zerstört. Die letzten Jahre haben uns darüber bittere Lehren gegeben. Aber trotzdem ist der Staat in seinem echten Wesen eine Aufgabe, die Gott uns gestellt hat; und wird sie erfüllt, so ist er eine der höchsten Schöpfungen menschlicher Kraft.

Der Staat darf uns keine Maschine sein, die blind läuft. Kein starres Haus, das dasteht, und drinnen passiert allerhand, keine bloße Betriebsordnung, in welche das Leben eingespannt wird. All das ist er ja vielfach, wir wollen uns darüber nicht täuschen. Nicht umsonst wehrt sich ja das lebendige Leben in uns gegen ihn. Und doch dürfen wir uns nicht von ihm zurückziehen. Schon deshalb nicht, weil er dann ganz in die Hände derer gerät, die ein Geschäft aus ihm machen oder ein Werkzeug für ihren Ehrgeiz. Aber auch ganz abgesehen davon: Er soll etwas anderes sein; selber etwas Lebendiges: der große Gegen-Stand, der unserem persönlichen Einzelsein gegenübersteht. Jener gewaltige Bau, jenes ungeheure wirkende Leben, in welchem sich nicht der Einzelne, auch nicht ein kleiner Kreis von Freunden oder eine Familie auswirkt, sondern das Volk. Solcher Staat wird aber erst lebendig, wenn wir ihn nicht bloß dastehen und von selbst laufen lassen, wenn wir ihn nicht den Beamten und Soldaten ausliefern, sondern wenn wir ihn schaffen. Wenn er lebendig hervorgeht aus Deiner Haltung. Wenn er ist „Staat in Dir".

Damit sprechen wir von staatsbürgerlicher Aufgabe und wie sie zu erfüllen sei: Also von staatsbürgerlicher Bildung. Das Wort ist zerredet. Meist will man damit sagen, die Leute müßten lernen, was Verfassung ist, welche Gesetze es gibt, welche Behörden, und was der Staatsbürger zu tun hat. Das alles ist gut, und es wäre sehr unreif, solches Wissen zu verachten. Ein Mann, bei dem ich zum ersten Male gespürt habe, was eigentlich Arbeit am Staate bedeutet, hat mir einmal gesagt: „Ich finde es empörend, wenn Leute den Staat reformieren wollen, die nicht einmal wissen, was ein Landrat zu tun hat!" Das Wort fällt mir oft wieder ein, wenn ich politische Auslassungen der Jugend — und nicht nur der Jugend — lese. Damals habe ich mit besonderer Beschämung gefühlt, welch windiges Zeug schon aus lauter „schöpferischem Gespür" geredet worden ist. Manch einer täte wahrlich besser, seine Rede ungeredet zu lassen, und statt dessen zu lernen, was „ein Landrat zu tun hat"! Aber in diesem Briefe meine ich staatsbürgerliche Bildung doch anders. Etwa so, wie in meinem Buche von „liturgischer Bildung" die Rede ist.

Um recht in Staat und Volk zu stehen, muß man richtig sehen können, richtiges Urteil haben und sicheren Griff. Man muß die politische Haltung haben, die aber lernt man nicht aus Büchern und Kursen. Die bildet sich langsam heraus. Wenn ein Student „Medizin durchaus studiert mit heißem Bemühen", so ist er noch lange kein Arzt. Das wird er erst, wenn er lebendig Bescheid weiß mit dem gesunden und kranken Menschen, seinem Leib und seiner Seele. Aber Bescheid weiß nicht nur mit dem Verstande, sonst wären ja die besten Examenmacher auch die besten Ärzte. Sondern wenn er lebendige Fühlung hat mit dem kranken Menschen da vor ihm. Wenn er ein Auge besitzt, das durch die Krankheitserscheinung hindurch in die Wurzel sieht; das sieht, wie der Leib von der Seele her krank ist und die Seele vom Leibe her. Wenn er ein feinhöriges Ohr hat für das, was offen gesagt wird, und was nur mitschwingt, und auch für jenes, das verschwiegen dahintersteht. Arzt ist erst, wer die spürende Hand hat, den sicheren Griff, fest und zart zugleich. Wer hoffende Zuversicht in seinem Herzen hat, heilende, lösende Kraft. Dann ist er meisterlicher Arzt. Dann hat er „ärztliche Bildung". So ist es auch mit dem Staatsmann. Den macht das Wissen allein noch nicht. Das ist notwendig; und wer ohne genaue Kenntnis am Staat herumkuriert, ist verantwortungslos. Aber wirklich Mann des Staates wird erst, wer die entsprechende Haltung gewinnt, wer sieht, was eigentlich „Staat" ist; wer spürt, was dem Staat nützt, und was schadet; wer die schaffende, bauende, bewahrende Staatskraft hat.

Von dieser politischen Haltung wollen wir reden. Einmal, weil an jeden von uns eines Tages die Pflichten staatlichen Lebens herantreten. Dann, weil gerade jetzt die politische Frage überall dringend wird. Und zwar wollen wir es wiederum ganz schlicht tun. Von den großen Dingen: Was zum Beispiel das Wesen des Staates sei, oder wie die kommende Volksgemeinschaft zu sein habe, wird nicht viel die Rede sein. Wir halten uns an die kleinen Dinge. Uns geht es auch hier um das, was alle Werkbriefe wollen: Ums Handwerkszeug. Wohl wird vom Parlament gesprochen werden, von Behörden und Gesetzen; aber immer nur, um zu sehen, wo im Alltag die Wurzeln dieser Dinge liegen.

Dabei nehme ich, was mir gerade lebendig geworden ist. Es geht mir gar nicht darum, daß dieses, oder jenes, oder alles gesagt sei, sondern nur um das eine: Die Haltung soll ins Gespür kommen. Hast Du die, dann siehst Du um Dich, beobachtest, und jede Begegnung, jedes

Zeitunglesen bringt Dich weiter. Hast Du sie nicht, dann bleibt alles Geschäftigkeit, Drill und Kniff.

Eins freilich muß ich voraussetzen: Daß Du nicht mit gebrauchsfertigen Schachteln aus der Parteifabrik kommst, mit denen man das Denken zu ersetzen pflegt: National — international; völkisch — menschheitlich; staatstreu — revolutionär ... und wie die Schilder an den Schachteln heißen mögen. Die trägt heute jedermann in der Tasche. Die Augen aufmachen, fremde Ansichten prüfen, etwas langsam durchdenken, das braucht er dann nicht mehr. Die Schachteln machen alles. Sie fragen, wie in gegebenen Verhältnissen Worte, Maßregeln, Ereignisse wirken, das alles ist dann überflüssig. Kommt irgendeine Ansicht, oder eine Persönlichkeit, oder ein Fall: Ein Auge draufgeworfen — weiß schon! Etikett so und so! Schachtel auf, hinein damit! Fertig! Und wie prachtvoll, daß man nicht zu denken braucht! Wir wollen uns das Hirn nicht von Parteien abstempeln und von Zeitungen verkleistern lassen.

Der tiefste Sinn des Staates ist nicht, zu nützen, sondern Hoheit zu sein. Gewiß soll er Sorge tragen, daß es seinen Zugehörigen wohl gehe. Das heißt, für sein Wohlergehen sorgen soll jeder selbst, der Staat hat ihn weder zu betreuen, noch zu bevormunden. Aber er soll den Einzelnen unterstützen; soll übernehmen, was der Einzelne und freie Zusammenschlüsse Einzelner nicht vermögen. Und er soll sorgen, daß Ordnung im Lande sei, damit jeder sein Werk tun könne. Das alles ist der Zweck des Staates. Aber damit ist sein Wesen noch nicht erschöpft. Außer dem Zweck hat der Staat einen Sinn, und der ist viel tiefer: Hoheit zu sein. Nicht aus Eigenem heraus, sondern von Gott; er soll im natürlichen Leben, unter all seinen Notwendigkeiten, Kräften, Leidenschaften, Interessen und Ereignissen Gottes Majestät vertreten. Das bedeutet nicht, daß er Sittlichkeit und Religion aufrecht zu erhalten hat. Das ist Sache des Gewissens und der Kirche. Der Staat ruht auf der Sittlichkeit; er schützt sie, soweit sie in der Öffentlichkeit zur Geltung kommen soll; aber er vertritt sie nicht. Was er vertritt, ist in den irdischen Dingen die Hoheit des höchsten Herrn. Einfach dadurch, daß er ist, daß er anerkannt wird. Und er bringt diese Hoheit zur Geltung im Recht. Auch das Recht hat einen Zweck: Es schützt Freiheit, Leben und Eigentum. Aber tiefer als diesen Zweck hat das Recht einen Sinn: Daß eben in allem Handeln und in allen menschlichen Beziehungen Recht geschehe. Ohne allen weiteren Zweck; einzig deswegen, weil es Recht ist; gottgewollte Ordnung im Handeln freier Persönlichkeiten. Sobald die Hoheit des Staates schwindet, und man in ihm nur öffentlichen Nutzen, Sicherheit und wirtschaftliche Förderung sieht, stirbt wesenhafter Staat. Sobald man im Recht nur eine große Betriebsordnung sieht, nicht mehr die bejahte Hoheit, stirbt wesenhafter Staat. Dann wird aus ihm ein großer Handels- und Industriebetrieb, eine Versicherungsgesellschaft, eine Wach- und Schließgesellschaft.

Das ist eine der Entscheidungen, die heute ausgetragen werden: Dieser tiefste Sinn des Staates, Hoheit zu verkörpern, und Recht zu tragen, hat sich immer mehr verflüchtigt. Damit verschwindet aber der eigentliche politische Charakter des Staates immer mehr. Immer stärker treten die bloß wirtschaftlichen Zwecke hervor.

Immer mehr wird er zu einem Schützer privater Angelegenheiten. Verliert immer mehr, was ihm sein öffentliches Wesen gibt: Gottes Stellvertreter zu sein in der natürlichen Ordnung.

Politiker sein, heißt lebendig im Blute tragen, was Staat bedeutet. Politiker sein, heißt Hoheit wollen. Wohl nüchtern sehen, wie das ganze Leben auf Nutzen und Wirtschaft und geordneter Arbeit beruht, und doch in alledem den inneren Sinn des Rechtes spüren. Der Politiker kämpft für Hoheit und Recht. Er sucht sie zur Geltung zu bringen in allen Zwecken und Nützlichkeiten; durch diese, ja, wenn es sein muß, gegen sie. Wer politischen Sinn hat, spürt mit Bangen, mit einer zornigen Angst, wie die Hoheit des Staates sinkt. Er fühlt, eine Welt kommt herauf, in der man nicht mehr atmen kann. Eine Welt, in welcher das Zerrbild der Hoheit regiert: Rechnende Gewalt. Und das Zerrbild des Rechtes: Bürgerliche Ordnung, die Geld schützt, aber die Würde preisgibt.

Man könnte einwenden, daß immer die Staaten geraubt und zerstört haben. Das ist wahr. Auch sie stehen unter der Erbschuld. Aber früher lebte das Bewußtsein von dem, was ich den „Sinn" des Staates nannte, zum Unterschied von seinem „Zweck", auch wenn man dagegen frevelte. Jetzt aber droht das Gefühl dafür überhaupt verlorenzugehen. Die Hoheit des Staates sinkt. Damit meine ich nicht, daß er keine äußere Macht habe. Aber es gibt eine andere Macht, die besteht eben in der Hoheit selbst. Darin, daß diese Hoheit in den Seelen lebendig ist; daß die Menschen sie ernst nehmen. Und dann empfinden sie auch seine Verantwortung. Gerade das aber verschwindet. Diese Hoheit wird nicht mehr empfunden. Der Staat wird in eine Linie gestellt mit einer Aktiengesellschaft. Er wird nicht mehr ernst genommen. Man schreitet über ihn hinweg. Sein Gesetz wird verachtet. Nicht nur übertreten, das geschah auch früher, sondern überhaupt nicht mehr wert gehalten.

Da stehen etliche an einem Zeitungsbrett. Es ist eine neue Verordnung herausgekommen, sagen wir, über die Brotpreise. Einer liest, wendet sich, und weggehend sagt er zu den anderen: „Aussauger! Die wollen uns ja nicht helfen! Die wollen, daß wir kaputtgehen!" — und man spürt, wie das Wort in den Herzen Widerhall findet.

Einige sitzen zusammen im Wirtshaus. Es ist die Rede von den politischen Angelegenheiten des Tages, und einer erklärt im Ton sicherer Verachtung: „Keiner kann was in der ganzen Regierung! Je früher sie heruntergeholt wird, desto besser!" — und alle nicken dazu.

In einem Kreis von Geschäftsleuten wird über ein Unternehmen verhandelt. Kaltblütig wird erörtert, welche Gesetze entgegenstehen, und wie man sie umgehen oder über sie hinwegsehen kann. Es wird als selbstverständlich genommen, daß für den Geschäftsmann der Staat mit seinen Gesetzen etwas ist, vor dem nur der Dumme Angst hat...

Das alles war in den bösen Jahren gleich nach dem ersten Weltkrieg geschrieben. Vielleicht erinnerst Du Dich ihrer gar nicht. Unterdes hat sich manches verändert. Es gibt keine Brotverordnungen und ähnliches mehr; aber lassen wir die Sätze stehen; sie mögen eine Spur sein jener Jahre. Und was sie sagen, brauchen wir ja nur ins Heutige zu übersetzen, dann stimmen sie wieder; in das, was man überall sehen und lesen kann.

Warum hat der Staat keine Geltung? Weil er im Herzen des Mannes am Zeitungsbrett keine hat, bei dem am Wirtstisch keine, und auch nicht bei dem Geschäftsmann. Weil der erste den Staat als Feind hingestellt hat, in einem Augenblick, wo das Herz der Umstehenden verbittert war; weil der zweite ihn vor den Hörern heruntergerissen hat; weil der dritte ganz selbstverständlich den Staat als eine schwächliche Sache ansah, über die das persönliche Interesse hinwegschreiten dürfe.

Wenn diese Leute nun in die Zeitung schreiben, dann werden ihre Artikel genauso: Verdächtigen, zerstören, ohne Ehrfurcht, ohne Verantwortung. Gehen sie in Versammlungen, dann wollen sie die nämliche Sprache hören. Es ist eine zerstörerische Freude für sie, wenn die Hoheit des Staates heruntergerissen wird. Kommt einer als Abgeordneter in das Parlament, da klingt der gleiche Ton durch seine Reden. Höre doch einmal daraufhin den politischen Gesprächen zu! Lies einmal daraufhin die Zeitungen! Es wird Dich ekeln vor dem wüsten Geschimpfe, dem Kritisieren ohne Sinn und Verstand. Wir sind so daran gewöhnt, daß wir gar nicht mehr merken, wie gewissenlos es dabei zugeht. Wie ohne jede Sachkenntnis geurteilt wird, ohne Gerechtigkeit, ohne ein Gefühl, was man dabei anrichtet. Wir merken gar nicht, wie würdelos das ist, und was alles dabei verwüstet wird! Bekommen solche Leute ein Amt, dann glauben sie nicht daran. Sie glauben nicht, daß es einen inneren Sinn habe. Glauben nicht an die Würde der Pflicht. Sie führen das Amt nur, weil's eben sein muß, oder für Titel und Gehalt. Und ihre Amtsführung hat keine aufbauende Kraft. Sie können den Staat in ihrer Amtsführung nicht verkörpern. Können keine ruhige, natürliche Würde tragen. Sie haben überhaupt keine, sondern sehen ihre Tätigkeit bloß als Geschäftsverrichtung; oder aber sie zwingen sich in eine Würde, die ihnen nicht steht und andere nur reizt. Der Staat tritt uns in seinen Vertretern entgegen. Aber die lebendige Hoheit des Staates im eigenen Amt verkörpern, schlicht und natürlich, das kann nur, wer sie lebendig bejaht. Steht aber einer in jener skeptischen oder zerstörenden Gesinnung, ist der Staat für ihn etwas, das man von heute auf morgen umwerfen kann, etwas Dummes oder Schwächliches, über das man hinwegschreitet — bei dem erhält der Staat auch tatsächlich diese Züge.

Aber darf man nicht bekämpfen, was einem falsch erscheint? Gewiß doch, und kräftig! Doch am Anfang muß das „Ja" stehen, nicht das „Nein". Erst das Ja, als Ehrfurcht und Pflichtbereitschaft, dann mag das Nein der Kritik kommen. Und übt man diese, dann aber auch erst sich vergewissern, worum es geht! Unterscheiden, nicht verallgemeinern. Die Personen trennen von der Sache; den Mißbrauch von der Einrichtung, wie sie eigentlich gedacht ist. Wer so kritisiert, bei dem steht immer das Ja hinter dem Nein, und macht das Nein ernst. Man spürt in der Kritik den Willen zum Staat, das Verantwortungsgefühl und traut ihm. Auch dies gehört zur aufbauenden Kritik: Daß man zur rechten Zeit reden, zur rechten Zeit schweigen könne. Daß man am rechten Ort rede, und vor den richtigen Leuten, und ein Gefühl dafür habe, was Worte anrichten. So gewillt sein, ist politische Haltung. Wer so handelt, hat Staat in sich.

Den Staat hat in sich, wer sich für die Ehre des Staates verantwortlich weiß. Wer so handelt und spricht, daß er sie aufrecht hält, schützt, zur Geltung bringt. Gewiß dem Unrecht Widerstand leistet, das Falsche kritisiert. Das muß sein um der Sache willen, sonst wäre es kein sittlicher Staatswille, sondern Bedientensein und Verantwortungslosigkeit. Aber hinter aller Kritik muß die Ehrfurcht stehen, und das Gefühl dafür, wann, wo, wie und vor wem die Kritik zu geschehen habe, damit sie aufbaue und nicht herunterreiße.

Ja, wir müssen eigentlich noch mehr in den Alltag hinein. Staatshaltung offenbart sich nicht erst dann, wenn es unmittelbar um den Staat selber geht, sondern bereits überall da, wo etwas vor uns steht, das ein Recht in sich hat, eine Geltung, eine Ehre. Also vor der Familie. Vor der Schule. Wenn wir im Berufsleben vor dem rechtmäßigen Vorgesetzten stehen, und so weiter. Schon hier zeigt es sich, ob einer im entscheidenden Sinne „Staat in sich" hat, oder ob er staat-los ist. Ob er in Vater und Mutter, im Lehrer, im Betriebsleiter nur einen Gegner spürt, und seine Rede gleich den feindseligen Ton bekommt, den man überall hören kann ... Ob er mit Freude aufgreift, was sie bloßstellt ... Ob es ihm von vornherein selbstverständlich ist, daß diese Menschen mißgünstig, beschränkt, herrschsüchtig, engherzig sind ... Ob aus seinem ganzen Verhalten eine verächtliche Überlegenheit spricht ... Ist es so, dann fehlt ihm „Staat". Dann fehlt ihm politische Haltung. Dann wird er in allen Dingen, die den Staat betreffen, zutiefst zerstörend wirken. Oder aber er sieht wohl die Fehler und Armseligkeiten, spürt aber auch: „Dahinter steht etwas, das darf nicht niedergebrochen werden. Das muß Geltung behalten!“ Und er steht zu diesem Etwas. Durch alle Kritik tönt eine Bejahung hindurch. Aller Tadel hat eine Anerkennung hinter sich. Dann hat er „Staat in sich“. Er baut auf. Und wenn er ins eigentlich politische Leben kommt, findet er die nämliche Haltung auch den großen Fragen des eigentlichen Staatslebens gegenüber.

Politik bedeutet, daß ein Volk handle. Was aber ist „Volk“? Die Menschen, mit allem, was sie sind, an Leib und Seele, in ihrer besonderen Eigenart. Was ihnen aus dem Boden kommt und aus dem Lande; ihr Leben der Arbeit, ihr Beruf; was sie in der Vergangenheit erlitten und erfahren haben; Bild und Macht der Sprache; Sitten und Gebräuche, Märchen und Sagen die Weise, wie sie leben und wie sie bauen und wie sie miteinander verkehren ... Dies und noch vieles andere gehört zum „Volk“. Und es ist verknüpft durch jene Urkraft, die macht, daß alles dies nicht ein Haufen von Einzelheiten sei, sondern eben lebendige Einheit. Doch kann dieses Volk noch nicht handeln. Es ist gleichsam gebunden, schwerfällig. Handeln kann ein Volk erst, wenn es beweglich wird, gegliedert. Wenn all die vielen Einsichten und Wünsche und Kräfte zusammengefaßt werden. Wenn ein gemeinsamer Zug in das Ganze kommt, ein Wille, ein Griff: Das eben geschieht im Staat. Im Staat wird das Volk fähig, zu handeln; fähig, Geschichte zu haben.

Dabei haben natürlich die verschiedenen Zeiten jeweils den Staat, wie er ihnen gemäß ist. Solange der

Mensch mehr in den großen Gesamtbindungen lebt, wird der Staat mehr im Herrscher ruhen; der lenkt ihn mit seinen Beratern. Ist er aber ein rechter Herrscher, so weiß das Volk doch, es kommt in ihm zu seinem Rechte; der Herrscher führt des Volkes Sache. Im Maß der Einzelne selbständig wird, will er selbst am Staat beteiligt sein. So entstehen jene Formen staatlichen Lebens, in denen der Einzelne sich stärker auswirkt. Der Sinn des Staates geht darauf, daß in ihm wirklich das Volk zum Handeln komme. Die besondere Art des Volkes soll sich in der Staatsform ausdrücken; der Wille des Volkes sich in den staatlichen Unternehmungen auswirken. Daß ein Volk im Staat, daß der Staat als lebendige Form des Volkes handle — das schafft Geschichte.

Worauf richtet sich dieses Handeln des Volkes im Staate? Es will da sein, leben, sein Leben auswirken, wie es in ihm liegt. Politik bedeutet, daß ein Volk im Staat lebt, im Staat handle. Und daß es handle, zutiefst nicht, um reich zu werden, oder um Werke zu schaffen, so sehr das alles hereingehört. Wie aber wird solche Einheit des Handelns? Wirkliches Volk und wirklicher Staat sind dann da, wenn Meinung und Wille des Volkes herauskommen. Wenn die Kräfte, die in ihm liegen, sich geltend machen. Wenn nicht ein Einzelner herrscht, oder eine Klasse, oder Beamten und Diplomaten, sondern die Gesamtheit sich rührt, und lebendige Gesamtwirkung herauskommt. Wenn der betreffende Staat wirklich die Form dieses besonderen Volks-Lebens ist. Wenn die Einzelnen am Leben dieses Staates Anteil nehmen und sich für ihn verantwortlich wissen. Wenn das Parlament dafür da ist, daß offen gesprochen, daß Gesamtmeinung und Gesamtwille gebildet werde; und die Behörden dafür, die verstreuten Kräfte zusammenzufassen. Wenn der führende Politiker weiß, daß er aus dem Ganzen des Volkes heraus schafft und ihm zur Tat hilft; und wenn das Volk weiß, daß es solche tatkräftigen Einzelnen braucht, sie erkennt und ihnen vertraut. Politisch handeln heißt, so handeln, daß ein solches Volk und ein solcher Staat werde.

Das waren große Ziele, und wir sehen, daß von solchem Volk und Staat nicht allzuviel da ist. Warum? Weil alles im Allgemeinen bleibt; Reden und Begeisterungen, und alles vernebelt. Weil man nicht nahe herangeht dorthin, wo sie Tat werden können. Wo liegt das Wirklichkeitsfeld, in dem aus Ziel und Idee Tat und Gestalt wird?

Das Parlament hält Sitzung. Wichtige Dinge stehen auf der Tagesordnung. Ein Abgeordneter legt seine Ansicht dar. Dann spricht einer aus der Gegenpartei, und der reißt alles herunter, was sein Vorredner gesagt hat. Kein sachliches Prüfen. Er hat sich gar keine Mühe gegeben, richtig zu verstehen. Er haut drauf los; reißt Sätze aus dem Zusammenhang; übertreibt Ansichten und Urteile; spottet, verdächtigt die Gesinnung des Gegners. Kaum läßt die Rednerliste es zu, so antwortet der Angegriffene, und zwar in der gleichen Tonart, nur um etliche Grade schärfer. Andere reden dazwischen; kümmern sich vielleicht überhaupt nicht um den Gegenstand, den jener erste angeschnitten hat, sondern fahren mit einer ganz anderen Sache in die Quere — bis man nach einigen Reden gar nicht mehr weiß, wohin eigentlich die Linie der Erörterung führt.

Oder aber sie nehmen Partei für diesen oder jenen; schließlich geht alles wild durcheinander, und vielleicht endet die Aussprache, zu der das Volk die Männer seines Vertrauens gesandt hat, in einem wüsten Lärm.

Man schämt sich, wenn man derartiges in den Sitzungsberichten liest. Und man bekommt noch Schlimmeres zu lesen! Man spürt die Schmach. Wer hat denn die Abgeordneten in das Parlament gesandt? Wir! Unsere Sache sollen sie vertreten! Solches Verhalten entehrt also uns. Aber wir spüren noch mehr: Wenn derartiges geschieht, dann ist hier kein Volk, und ist kein Staat. Hier kommt nicht das Fragen und Suchen und die Not des Volkes zur Aussprache. Hier wirken sich nicht seine Kräfte aus. Hier wird nicht gesagt, gehört, gewogen, und aus dem Zusammenarbeiten der Einzelnen heraus die Sache aller tiefer verstanden. Sondern es ist ein rechthaberisches Wesen von beschränkten und zuchtlosen Einzelnen. Solche geben sich nicht Mühe, den andern richtig zu verstehen. Hier wölbt sich keine Einheit. Wo es so zugeht, bleibt alles Trümmer. Da kommt kein Wille des Volkes zustande. Da treten nicht die verschiedenen Interessen und Richtungen heraus, messen sich aneinander, wägen ihre Bedeutung, bis durch besonnenen und zuchtvollen Ausgleich ein Gesamtwille heraustritt. Hier schließen sich die Richtungen und Kräfte nicht zu einem starken, klar gerichteten Keil zusammen, der voranstoßen kann, und in dem das Volk handelt. Es ist ein armseliges Gezerre ohne Klarheit und Zucht!

Jene beiden, die gegeneinander standen, hätten „Volk“ sein sollen! Dafür waren sie hergeschickt. Sie haben verschiedene Gesichtspunkte vertreten; das war natürlich. Der eine kam von der Landwirtschaft, der andere von den Arbeitern. Aber jeder hätte sich bewußt sein sollen: „Ich bin für das ganze Volk da; und der drüben auch. Zusammen wollen wir erkennen, was für dieses Volk gut ist. Und was in ihm lebt, wollen wir zu starker Tat zusammenschweißen." Das wäre Volk gewesen und Volk im Staat. So aber haben sie Staat verspielt, Staat zerstört. Nein, es war eigentlich noch schlimmer: Sie haben überhaupt keinen gehabt, nicht Staat, nicht Volk! Bloß Leute haben sich da gezankt, sonst nichts. Sie haben gar nicht zusammengestanden in einer Ordnung von Zucht, Vernunft, Gerechtigkeit und schaffendem Willen, was alles „Staat" heißt. Als staat-lose, als volk-lose Menschen haben sie dagestanden. Als Barbaren, würde ein Grieche gesagt haben. Jeder hat von vornherein den andern für unwissend, dumm, schlecht gehalten, sonst hätte er nicht so reden können. Mit solchen Augen haben sie einander gesehen, mit solchen Gedanken gedacht, mit solchen Worten gesprochen. Und die Wirkung war, daß sie noch so und so viel andere in diese Staatlosigkeit und Volklosigkeit, das heißt in diese Barbarei hereingezogen haben.

Warum ist keine große, gemeinsame Überzeugung in unserem Volk? Warum kein großer, gemeinsamer Wille? Es gibt viele Gründe dafür. Uns geht dieser an: Weil der Abgeordnete X und der Y im Parlament in solcher Weise miteinander gesprochen haben! Darum? Gewiß! Denn diese beiden Abgeordneten reden wahrscheinlich nicht nur heute so, sondern morgen ebenfalls, und die nächste Woche, und die ganze Sessionszeit hindurch. Und leider bleibt's nicht nur bei den Abgeordneten X und Y, sondern es geht durch manche Buchstaben des Alphabets hindurch! Und nicht nur bei Abgeordneten kommt es vor, sondern auch bei ganzen Parteien, wenn sie miteinander sprechen. Unter Beamten ist solche Haltung auch nicht ganz ungewöhnlich; so mancher Schriftwechsel und so manche Sitzung bezeugen es. Und wenn wir vollends in die Welt der Zeitung eintreten, so mutet es uns oft an, als gehe immer der eine mit Zähnen und Nägeln gegen den anderen an ... Darum ist kein Volk und kein Staat!

Aber bleiben wir beim Abgeordneten. Wenn einer gewählt wird, was müßte da seine erste Überlegung sein? Seine grundlegende Überzeugung? Diese: „Ich bin geschickt, nicht nur von meiner Partei, sondern vom ganzen Volk. Ich habe mitzuarbeiten, daß im Volk eine richtige und lebendige Überzeugung werde über das, was ehrenvoll und nützlich ist. Daß im Volk klarer und zielbewußter Wille erstehe. Daß es mit wachem Geist und gespanntem Kraft im Staat lebe und schaffe. Aber ich bin nicht allein da. Andere sind auch noch da. Es gibt nicht nur meine Überzeugung. Auch nicht nur die meiner Partei. Es gibt noch andere Parteien. Die haben auch ihre Sprecher gesandt, und jeder von ihnen steht ebenfalls für das ganze Volk. Jeder bringt Erfahrungen mit; jeder sieht Richtiges; jeder ist begrenzt und irrt. Und nun besteht meine Aufgabe gerade darin, diese Fülle von Einsichten, Zielsetzungen und Willenskräften zu einer lebendigen Einheit zusammenzufassen. Zur Einsicht des Volkes; zum Willen des Volkes ..." So müßte er denken! Der Staat soll ja unser Werk sein; nicht nur eine Schachtel, in die wir hineingesetzt sind. Aber unser aller Werk; nicht nur das einer Partei. Abgeordnetenarbeit ist Baumeisterarbeit. Also muß er verstehen wollen, was von drüben herkommt. Denn auch daraus spricht „Volk“. Er muß Verbindung suchen; und je stärker ihm etwas entgegensteht, desto stärkere Kräfte vermuten, die nötig sind, das Ganze emporzuwölben.

Sobald er auf eine entgegenstehende Haltung stößt, entscheidet sich's, ob er wirklicher Politiker ist, Baumeister des Staates, Schmied des Volkswillens, oder aber ein Stümper, ein Klopffechter, ein Diener besonderer Interessen und kleiner Eitelkeit. Da entscheidet es sich, ob er drüben den Gegen-Satz sieht, mit dem zusammen er die Wölbung baut und die Einheit schmiedet; ob er sich bemüht, zu verstehen, zu sichten, zusammenzuarbeiten. Oder aber, ob der drüben ihm gleich Feind ist, und er will ihn niederschlagen, lächerlich machen, ins Unrecht setzen. Tut er so, dann ist er kein Politiker. Dann baut er nicht Staat. Sondern er steht im Faustrecht, in der Barbarei, und wenn er alle Gesetze im Kopf hätte, und alle Schliche der Winkelpolitik kennte. Tut er das Erste, dann baut er Staat. Ja, dann ist zwischen ihm und seinem Gegenpart bereits „Staat“; und lebendig steht bereits durch sie Volk im Staat.

Heißt das, man müsse mit allem einverstanden sein? Wie oft steht man doch falschen Ansichten gegenüber! Sieht ganz klar: So ist es, und der drüben will es nicht zugeben! Soll man sich dann fügen? Durchaus nicht! Dann gibt es eben Kampf. Und immer wird Kampf sein. Immer werden wir falschen Ansichten widerstehen müssen. Aber wieder ist ein wesentlicher Unterschied, ob man es tut vom Nein her oder vom Ja. Ob man von vornherein schon auf Widerlegung denkt oder aber versteht, und aus der Gerechtigkeit heraus urteilt. Ob man aus einer letzten Gemeinschaft gegen den anderen steht, eben aus dem gemeinsamen Willen zum Staat, oder aber unverbunden wie ein feindliches Einzelwesen gegen das andere. Von einem großen Politiker wird erzählt, er habe eine eigene Weise gehabt, sich mit seinem Gegner auseinanderzusetzen. Zuerst hörte er genau zu, dann erhob er sich, holte alles Richtige aus den Worten des Gegners heraus, machte selbst noch auf manches aufmerksam, was für dessen Ansicht sprach. Hatte er so alles anerkannt, was wertvoll war; hatte er den Gegner überzeugt, daß er ihn vollkommen ernst nehme, und so eine Brücke zu ihm gebaut, dann kam das berühmte „Aber". Es folgte seine Erwiderung, klar und überzeugend. Darauf konnte der Gegner ohne Gereiztheit antworten, mußte es sogar, wollte er nicht unvornehm erscheinen. Und so arbeitete sich aus wirklich sachlicher Zusammenarbeit, aus dem schaffenden Kampf entgegengesetzter Anschauungen langsam die Einheit heraus: Staat. Denn aus ihnen beiden hatte lebendiges, zur Einheit strebendes Volk gesprochen.

Wem das im Blute sitzt, daß Staat nie auf einzelnen Menschen ruht mit ihrer Einseitigkeit, nie auf einer Partei allein mit ihrer besonderen Richtung, daß er vielmehr jenes eigentümliche Etwas ist, jene Wölbung, die sich gerade aus dem Widerspiel der Spannungen und Gegensätze erhebt; wer weiß, daß Volk nie aus einem Einzelnen allein spricht, sondern aus der Mannigfaltigkeit lebendiger Anschauungen überzeugter Menschen; wer weiß, daß „Staat" jenes Große, Weite,

Starke ist, das durch schöpferische Tat aus den Gegensätzen emporwächst; „Volk“ jenes Tiefe, Umfassende, das sich in ihnen entfaltet und von bauender Kraft in die Einheit des Staates zusammengefaßt sein will — wer jedem anderen so gegenübertritt, daß sofort in ihnen beiden „Volk“ lebt, „Staat“ wächst — der hat politische Haltung[1].

Ich habe von Abgeordneten gesprochen. Aber weißt Du, der Mann auf dem Abgeordnetensitz ist genau der

---

[1] Eine Anmerkung: Man wendet vielleicht ein: Das ist Demokratismus! So wird kein Staat und kein Volk. Auch keine Tat und kein Werk. Das alles wird nicht zusammengebaut aus Meinung und Willen der Vielen, sondern wird geschaffen vom Einzelnen, der Erkenntnis und Kraft dazu hat. Alles Große kommt vom Einzelnen. Es ist der Irrtum flachen Parlamentarismus, durch Wahl, Verhandlung und Ausgleich entstehe Werk und Tat...

Das alles weiß ich wohl. Weiter unten ist vom Richtigen dieser Ansicht die Rede. Wie es dieser Einwand aber sagt, meine ich es nicht. Ich rede hier von dem, was jeder tun kann und allezeit. Von der Haltung, die jedermanns Pflicht ist. Sie erst schafft die Voraussetzung dafür, daß der Einzelne Verständnis und Gefolgschaft finde.

Und dann: Wir wollen nicht dem Rausch des Genie-Kultes verfallen. Es ist einfach nicht wahr, daß nur der große Einzelne schafft, sondern jeder Einzelne. Freilich jeder nach seinem Können. Und von diesem jeden Einzelnen, von Dir also und von mir, rede ich. Ist ein Großer da, so trete er vor und zeige, was er kann! Wir aber wollen uns nicht durch die Berufung auf den Großen unsere kleine Leistung verächtlich machen; und auch nicht unsere kleine, aber für unsere bescheidene Kraft schwere Pflicht durch Genie-Gerede wegtäuschen lassen!

nämliche, der vorhin auf der Straße mit seinem Bekannten die Auseinandersetzung hatte. Und wiederum der gleiche, der vor einigen Tagen zu Hause mit dem Geschäftsteilhaber verhandelte. Oder glaubst Du, er ziehe einen anderen Menschen an, sobald er durchs Portal des Parlamentes geht? Wenn er im Privatgespräch eine Gegenmeinung hört, und fährt gleich dagegen an, drückt sie an die Wand, macht den schlecht, der sie vertritt, dann mag er tun, als habe er politische Weisheit mit Löffeln geschluckt, von wirklicher politischer Haltung fehlt ihm auch nur der erste Anfang! Ein anderer dagegen weiß von Parteigeheimnissen vielleicht nicht viel, und hat zu den bekannten „besten Quellen", wo man alles erfährt, gar keinen Zutritt. Stößt er aber auf eine fremde Meinung, und hört zu, prüft, bemüht sich, mit dem anderen in ein Verhältnis der Zusammenarbeit zu kommen, weitet den Blick, und bei aller Unbeugsamkeit wirklicher Überzeugung sucht er zuerst das Gemeinsame — so hat er politische Haltung. In ihm handelt Volk und Staat.

Staat in uns — den Freunden gegenüber, den Eltern, den Geschwistern, den Mitschülern, in der Gruppe, im Geschäft, in der Fabrik ... Hier entscheidet sich's! Denn es ist nun einmal so: Der Staat entsteht nicht erst in Parlament und Behörde, sondern schon auf dem Schulhof, in der Familie, im Aussprachekreis, im Geschäft. Wer ihn hier nicht baut — ich fürchte, der tut es auch dort nicht!

Ein anderer Gesichtspunkt: Der Staat besteht aus Persönlichkeiten. Persönlichkeit aber ist innerlich. Sie hat eine Welt in sich, welche andere nicht schauen können, wenigstens nicht bis ins Letzte. Wie können sie einen Staat bilden, wenn doch jede in sich steht? Staat bedeutet, daß einer nicht nur in seinem Inneren lebe, mit sich allein, sondern auch im Öffentlichen, mit den übrigen zusammen. Staat ist Öffentlichkeit — jenes Feld, auf dem alle stehen und handeln; wo die Gesamtheit spricht; wo sich das „gemeinsame Wesen", das Überpersönliche bewegt.

Wie entsteht jenes Feld? Mancherlei Brücken gehen von einem zum andern. Das Blut und seine Bande, das gemeinsame Schicksal, das Land, die allgemeinen Bedürfnisse, das Werk, an dem alle schaffen, die ineinandergreifenden wirtschaftlichen und geistigen Unternehmungen und so weiter. Vor allem aber eins: Die Sprache. Die Sprache macht, daß der eine erfährt, was der andere innerlich meint. Sprache ist Brücke von Innen zu Innen. In ihr offenbart sich auch das Öffentliche des Staates. Sprache ist Gemeinschaft. Sie ist eine von den Kräften, die Volk und Staat schaffen. Sie macht, daß ein gemeinsames Feld ist, auf dem die Menschen stehen und handeln können.

Wenn aber die Sprache nicht mehr sicher ist? Wenn sie das Innere nicht mehr offenbart? Wenn sie trügt? Bedenken wir drei besonders starke Beispiele dafür, was das Wort bedeutet: Das Versprechen, das Urteil und die öffentliche Meinung.

Vor allem das Versprechen. Die Person ist frei. Sie kann sich entscheiden, und kann ihren Weg ändern. Das macht unser Verhältnis zum andern so eigentümlich, daß wir nicht mit Sicherheit wissen, was er tun wird. Von der Sonne wissen wir, sie geht morgen auf, wie heute. Vom Wasser, es fließt genau in der Fallrichtung. Im Menschen aber ist etwas, das macht eine

Berechnung unmöglich: Die Freiheit. Manches gibt uns ja Anhaltspunkte, so die allgemeinen menschlichen Bedürfnisse und Gewohnheiten, die Charaktereigenschaften und so weiter. Daraus können wir mit großer Wahrscheinlichkeit vieles voraussehen. Sicher aber ist es nie. Es kann auch anders kommen. Da wird eines wichtig: Der Mensch kann sich selbst binden. Wenn er einem andern gegenüber die Ehre seiner Persönlichkeit einsetzt, daß er so und nicht anders handeln werde, bindet er sich. Nicht durch Zwang, sondern durch freie Selbstverpflichtung. Das drückt er aus durch das Wort. Darin offenbart er dem andern, daß er sich ihm gegenüber gebunden hat: Im Versprechen. Es macht, daß einer nun des andern sicher ist. Er weiß: Der könnte anders handeln, tut es aber nicht, denn er hat sich gebunden. Kommt das Versprechen von beiden her, so ist es ein Vertrag. Versprechen und Vertrag schaffen festes Feld zwischen zwei Personen.

So schafft das Wort am Staat mit: In Versprechen und Vertrag. Zum Beispiel: Zwei Parteien besprechen eine öffentliche Angelegenheit. Sie treffen ein Abkommen, und nun ist klare Bahn. Man kann daraufhin arbeiten. Oder eine Arbeiterdelegation kommt zum Minister und trägt ihm einen Mißstand vor. Er sagt Abhilfe zu. Jetzt wissen die Leute, woran sie sind. Zwei Staaten verhandeln miteinander und schließen einen Vertrag. Darauf richtet sich nun die ganze Art des gegenseitigen Verkehrs ein, und so weiter. Das begründet Staat: Daß ein gegebenes Versprechen gültig ist; ein geschlossener Vertrag sicher. Freie Personen binden sich darin und schaffen zwischen einander etwas

Festes, gebildet durch Treue und Vertrauen, und geoffenbart im Wort.

Wenn aber das Wort trügt? Sieh Dich um! Denk an die Verträge im Krieg, vorher und nachher. Gebrochene Verträge am Anfang, im Fortgang, am Ende des Krieges. Was gilt das politische Versprechen? Einer Regierung? Einer Partei? Können wir gegebenem Wort trauen? Geschlossenem Vertrage? Wirklich trauen? Darum ist kein Staat, weil so wenig Treue in uns ist und so wenig Vertrauen. Weil auf das Wort kein sicherer Verlaß ist.

Wo aber sind die Wurzeln des staat-schaffenden Wortes? Im täglichen Leben? Wenn zwei Kaufleute einen Vertrag schließen, und schon beim Abschluß denkt jeder, wie er den so fassen könne, daß er nicht binde, diese beiden zerstören Staat. Nicht unmittelbar, aber in den Wurzeln. Wenn einer dem Bekannten etwas verspricht und hält es nicht, obwohl er könnte, der zerstört Staat. Jeder schafft immer wieder mit daran, daß entweder Verträge und Versprechen gelten, und so zwischen den Einzelnen ein festes Feld bilden, worauf Gemeinschaft möglich ist — dann bewirkt er, daß die staatsschaffende Kraft der Sprache erstarkt. Oder aber er entwertet das Wort, macht, daß Versprechen und Vertrag brüchig werden. Dann zerstört er das Feld des Gemeinsamen.

Eine andere Bedeutung des Wortes: Das Urteil. Darin sagt einer dem anderen: Mit dem Vorfall gestern verhielt es sich so. Oder: Der X hat die Eigenschaft. Y ist gut, oder tüchtig, oder nichtsnutzig und so weiter. Und der andere hört, glaubt und handelt daraufhin. Auch hier hat das Wort etwas Festes geschaffen. Der eine hat dem anderen seine Meinung gesagt, und dieser verläßt sich darauf.

Es ist klar, welche Bedeutung das für den Staat hat. Wenn vor Gericht die Zeugen aussagen, dann gibt das die Grundlage für den Spruch des Richters. Wenn im Parlament Ausschüsse von Sachverständigen ihr Urteil abgeben, so werden daraufhin Gesetze erlassen. Wenn eine Partei sich in einer schwierigen Sache schlüssig werden will, dann beauftragt sie einen, sich zu unterrichten; er legt den Sachverhalt dar und danach wird entschieden. Behörden vergewissern sich über die Tüchtigkeit eines Beamten, und darauf verwenden sie ihn. Botschafter geben ihre Berichte über die politische Lage in den verschiedenen Ländern; darauf stützt sich die auswärtige Politik. Abgeordnete sprechen über die Zustände in ihren Wahlkreisen und so weiter. Immer das Gleiche: Urteile schaffen den Boden für das Handeln. Die Lage wird dargestellt, Fähigkeiten werden eingeschätzt, Schwierigkeiten bemessen, und daraufhin wird gehandelt. Die betreffende politische Stelle stützt sich darauf, daß diese Grundlage sicher sei, die Tatsache richtig gesehen, die Verhältnisse sachgemäß beurteilt. Und um so besser und sicherer arbeitet der Staat, je genauer in all diesen Aussagen der Tatbestand wiedergegeben ist. Dann kann innere und äußere Politik die Ziele deutlich sehen, die rechten Entscheidungen treffen, die geeigneten Mittel wählen, und überall die rechten Leute an den rechten Platz setzen.

Dann die öffentliche Meinung. Was bedeutet sie? Die Ansicht eines Durchschnitts der Staatsbewohner, oder der Bevölkerung einer Gegend, oder der Angehörigen eines Staates über eine Sache: Über Persönlichkeiten, andere Völker, Ereignisse, Schwierigkeiten und so weiter. Die Politik eines Staates wird umso sicherer, je zuverlässiger die öffentliche Meinung in ihm ist, das heißt je richtiger im allgemeinen die Leute sehen, was vor sich geht, je sachlicher ihr Urteil ist, je verläßlicher ihr Wort. Wir haben in den letzten Jahren erfahren, wie in schweren Augenblicken oft alles darauf ankam. Sie trägt die Regierung; überwacht sie auch und berichtigt sie.

Wie sieht es mit alledem aus? Warum hat der Krieg begonnen? Und ist verloren worden? Warum hat die ungeheure Leistung an Kraft, Begabung, Treue und Opferwilligkeit in diesem Zusammenbruch geendet? Es gibt viele Gründe. Einer aber ist sicher dieser: Weil die tatsächlichen Verhältnisse in der Welt, im Land und bei den Gegnern, nicht richtig gesehen wurden. Weil unser Urteil über ihre Kraft falsch war. Weil über die Stimmung und den seelischen Zustand der Welt draußen ein falsches Bild bestand. Weil die eigene Leistungsfähigkeit nicht richtig eingeschätzt wurde.

Und in welchem Zustand ist Aussage und Urteil in der öffentlichen Meinung! Wie wird drauflos behauptet, berichtet, geurteilt! Wie wird entstellt, gefälscht, fremde Ehre zerstört! Man glaubt nicht und traut nicht. Aussage und Urteil sollen festen Boden schaffen. Gewiß müßte Vorsicht walten, denn jeder kann irren; es könnte auch einer bösen Willens sein und lügen. Das Zunächstliegende aber müßte das Vertrauen sein. Doch umgekehrt! Selbstverständlich ist, nicht zu trauen. Und zwar allen gegenüber, nach oben und nach unten. Ganz besonders furchtbar offenbart sich die Unzuverlässigkeit von Urteil und Aussage in der Zeitung. Wie wird da das Wort verkauft! Wie wird da drauflos behauptet, geurteilt, gelogen und verleumdet.

Bei alledem kann Staat nicht bestehen. Das Wort ist dann zerstört. Die Aussage ist zerstört, die dem anderen Wahrheit mitteilen, Tatsachen offenbaren sollte, auf die hin er handeln kann. Das Urteil ist zerstört, das ihm Richtung und Ausgangspunkt geben kann. Die öffentliche Meinung ist zerstört, denn sie bedeutet ja, daß Aussage und Urteil in der Gesamtheit zuverlässig seien. Wer ist daran schuld? Jeder! Ich, Du!

Wenn wir erfahren, wie ein Botschafter im fremden Land der Regierung nachlässige Berichte gibt, und daraufhin das Auswärtige Amt unzweckmäßig handelt, dann hat der Botschafter dem Staate geschadet. Wenn aber Dein Vorgesetzter im Geschäft Dich mit etwas beauftragt, und Du gibst fahrlässigen Bescheid, so hast Du das Nämliche getan. Denn wärest Du Botschafter, so würdest Du der Regierung ganz genau so berichten, wie gestern Deinem Chef. Wir sind empört, wenn ein Abgeordneter im Parlament drauflos behauptet; sobald wir aber in einer Versammlung oder in einem Gesprächskreise urteilen, und wissen nicht genau, ob es stimmt, haben wir das Gleiche getan. Und würden wir morgen Abgeordnete oder Referenten im Ministerium, dann machten wir es ebenso. Die öffentliche Meinung schaffen wir. Sobald wir von einem Menschen etwas erzählen, was nicht stimmt; über ihn urteilen, und wissen nicht genau Bescheid; ein Gerücht weitertragen, ohne es zu prüfen, dann haben wir öffentliche Meinung zerstört. Und sind mit daran schuld, wenn im entscheidenden Augenblick keine zuverlässige öffentliche Meinung da ist, und irgendein Zusammenbruch erfolgt.

Einer kann die glänzendsten Reden halten und die tüchtigsten Gesetze ausdenken, wenn er aber falsch berichtet, leichtfertig urteilt, Tatbestände entstellt, die Ehre des andern gefährdet, dann ist er ein Freibeuter der öffentlichen Meinung. Und ein Zerstörer des Staates. Wer Treu und Glauben bricht, Versprechen und Vertrag, wer die öffentliche Aussage unzuverlässig macht, ist ein Feind des Staates, ob er nun Privatmann oder hoher Beamter ist, und welcher Partei er auch angehört.

Zum Nachdenken noch einige Hinweise:

Wir haben von der Hoheit gesprochen, gleichsam als dem Herzstück des Staates. Damit aber Staat sei, muß auch Volk sein. Nun ist Volk aber nicht ohne weiteres da, sondern es muß werden. Vielleicht muß es immer wieder aufs neue werden. Von innen heraus, durch inneres Heraufwachsen, Zusammenwachsen. So ist Politik auch Dienst am Volk. Worin mag solcher Dienst bestehen?

Einmal darin, daß wir es kennen lernen. Aber kennen nicht nur aus Büchern und Begriffen, sondern mit dem inneren Auge. Sein Wesen muß uns aufgehen; wir müssen es fühlen, und mit ihm verwachsen. Hier liegt die politische Bedeutung der Fahrt: Mit sehenden Augen und offenem Herzen wandern. Fühlung bekommen mit dem Lande, den Eigenarten und Verschiedenheiten der einzelnen Landesteile. Fühlung mit Pflanzen und Bäumen und Tieren. Fühlung mit den Menschen der verschiedenen Stämme; mit Volkssitte und Überlieferung; Märchen und Sagen; mit Gewerbe und Handwerk, Industrie und Handel; mit der Sprache. Dann sind Städte zu kennen, Häuser, Brükken, Tore und Kirchen; Dichtung, bildende Kunst und Musik... Ähnliches gilt für den Ferienaufenthalt; ja für das ganze tägliche Leben... Man kann das alles kennenlernen zu schöngeistigem Genuß. Man kann es aber auch tun, um das Volk in der Mannigfaltigkeit und inneren Einheit seines Lebens zu sehen, damit das Wort „Volk" eine starke, blutwarme Wirklichkeit werde.

Dann: Eintreten für Volksart und Gesundheit. Sie nicht verwüsten lassen, seine Kraft nicht vergeuden. Weiterentwickeln, was aus der Vergangenheit herüberwächst. Da ist viel zu tun, und zwar nicht, um eine der rauhen Wirklichkeit entzogene, schöne Abseitswelt aufzubauen. Fest in der Gegenwart stehen, aber das Vergangene sehen und spüren, um es da, wo es gut war, lebendig voranzuführen (Lebenserneuerung, Volksbildung, Sitte und Brauch). Volk wird, wenn wir wissen um die inneren Bilder, die aus der Vergangenheit herübersprechen, und heute noch im Wesen wirken. Wenn wir das Wesen des Volkes lieben, auf seine Kraft vertrauen und daheraus schaffen.

Wir haben gesprochen vom Einswerden des Volkes im Staat, daß es fähig werde zu gemeinsamer Einsicht, zu geschlossenem Wollen und Handeln. Jene Einsicht aber baut sich nicht nur im Nebeneinander vom einen zum andern, sondern auch von oben nach unten, und von unten nach oben: Durch Amt und Pflicht, durch Befehl und Gehorsam. Eine große Sache: Befehl und Gehorsam. Sie sind selten geworden! Befehlen heißt nicht, daß einer bitte, man möge dies oder jenes tun, oder mahne oder auffordere, sondern, daß er eben befehle, klar und entschieden: Tue das! Gewiß höflich. Wenn der Befehl aus richtiger Haltung kommt, wird er sich meist in die Form der Bitte kleiden. Aber sein Wesen ist eben Befehl. Freilich können muß man es! Es muß einem Ernst sein mit der Sache. Man muß dazu stehen. Und ganz genügt auch das nicht. Im Letzten kann kein Mensch befehlen im eigenen Namen. Wer das tut, und sei es auch nur dem Ton nach, beleidigt. Der Befehl muß aus dem Amt, aus dem Auftrag kommen. Dazu muß er aber vom Staat überzeugt sein. Und der Befehl muß geschehen in Ehrfurcht vor der freien Person dessen, dem er gilt. Denn Befehlen heißt nicht herrschen, auch nicht mehrsein, sondern nur, daß einer Amt und Vollmacht habe freien Menschen gegenüber. — Und gehorchen bedeutet nicht, daß einer etwas tue aus Gefälligkeit, oder weil er liebenswürdig sein will, oder gütig, oder aus Begeisterung für die Sache, sondern weil es befohlen ist von dem, der das Amt und die Vollmacht dazu hat. Eine schlichte Selbstverständlichkeit liegt im Gehorchen. Es ist gar nichts Besonderes dabei. Aber auch Würde liegt darin: Es ist der freie Gehorsam des freien Bürgers. Politische Haltung heißt befehlen und gehorchen können. Aber diese Kunst ist selten geworden. Und zuweilen trifft man auf etwas Eigentümliches: Im Beamteten auf eine gewisse böse Freude, „das Volk“ die Macht fühlen zu lassen; ein leiser, ein oft gar nicht bewußter Wunsch, zu quälen, sein Mütchen zu kühlen; ein Gefühl, daß jenes irgendwie ein Feind sei. Und im „Volk“, im Nichtbeamteten, ein gewisses Vergnügen, dem Amtsträger eines zu versetzen. Es freut sich, wenn jener sich blamiert. Hat eine seltsame Lust, das Gegenteil von dem zu tun, was zu tun Gesetz ist. Sabotierung des Gesetzes, möchte man sagen. Merkst Du, was hier einander gegenübersteht? Tyrannei und Anarchie. Unterdrückung und Revolution. Und immer ruft eines das andere. Staat wird erst, wenn die Einheit von unten nach oben und von oben nach unten wächst. Durch klaren, festen, aber mit Achtung gegebenen Befehl; durch selbstverständlichen, aber aufrechten Gehorsam. Dann schließt sich Staat, und wird Fähigkeit zum Handeln.

Noch eine andere Art dieser Einheit gibt es: Die des Führenden und Geführten. Es ist nicht wahr, daß alle Menschen gleich seien. Sie sind verschieden ihrer Wesensart nach; verschieden nach Art und Maß ihrer Begabung. Nicht darin besteht die Gleichheit, daß alle das Nämliche seien und gelten, sondern daß jeder er selbst sei, und an seinen Platz im Ganzen kommen könne. Das ist wahre Demokratie. Pöbelgesinnung behauptet, alle seien gleich. Eifersucht will, daß keiner mehr sei und sucht niederzudrücken, was hervorragt. Wo diese Art herrscht, entsteht nicht das reiche, gespannte und doch einheitliche Handeln von Volk im Staat. Politische Haltung bedeutet, daß man die Unterschiede der Begabung sehe und anerkenne. Daß man den Einzelnen kommen lasse, wohin er gehört. Die größere Kraft und Begabung an die größere Aufgabe und Verantwortung, auch wenn man selbst dadurch zurückstehn muß. Und umgekehrt bedeutet Staat, daß der also Vorangestellte sein Werk tue im Ganzen, aus der Sache heraus und für die Gesamtheit. Daß er die anderen Anteil nehmen lasse; sie verstehen lasse und mitwirken, und durch seine ganze Haltung fühlen lasse, wie er für sie arbeitet. So wird wiederum Einheit: Die Einheit des Führenden und der Geführten. Des Wegbahners und der Nachfolgenden. Des Schöpfers und Entdeckers und der Mitarbeitenden.

Und noch eine dritte Einheit gibt es von oben nach unten: Es gibt die Unterschiede der Erfahrung und der Reife. Wissen, Einsicht und Maß für vieles kommt erst mit der entsprechenden Lebenszeit, mit dem Alter. Und Übersicht, Urteilsfähigkeit und Voraussicht erst, wenn man vieles durchgemacht, gesehen und erfahren hat. Erst wer mit offener Seele gelebt hat; wer mit tapferem Herzen das Leben überwunden hat; wer dankend hindurchgeschritten ist durch Erfahrung und Schicksal mannigfaltiger Art, der gewinnt das Meisterliche: Und wiederum hängt Einheit von Volk und Staat davon ab, ob dieses Meistertum da sei und anerkannt werde. Das Meistertum der Reife, der Erfahrung und der Weisheit. In jedem Menschen steckt ein Stück Pöbel, der sich gegen den Meister auflehnt. Meint, mündig zu sein, und ohne Erfahrung über das Leben urteilen zu können. Wenn wir diese Haltung nicht überwinden, kommen wir geistig „auf die Straße" und treiben Gassenpolitik. Auch wenn wir noch so vornehm gekleidet sind und noch so gebildet sprechen. Denke einmal nach über all dies, und was hier politische Haltung bedeutet, und wo dafür die Wurzeln und Anfänge bereits in Deinem alltäglichen Leben liegen.

Und dann haben wir vom Öffentlichen gesprochen und vom Wort. Hierzu gehört noch manches: So daß man frei sei vom Bann des Öffentlichen: dem Rausch des gesprochenen Wortes, dem Schwindel der öffentlichen Gebärde, dem Selbstgenuß des öffentlichen Schauspielertums, der Gewalt des Marktes, der Aufregung der großen Aktion, der Äußerlichkeit des Etwas-Vorstellens, und so vieles andere noch. Daß man die klare Sachlichkeit behalte, die Nüchternheit des Geistes und besonnen bleibe. Auch das ist politische Haltung.

Und so wäre noch vieles zu sagen. Kein Politiker ohne geschichtlichen Sinn ... Politik bedeutet, daß ein Volk handle. Daß es handle aus seiner Geschichte und in die Geschichte; eintrete für sein Wesen in dieser Welt. So bedeutet politische Haltung, daß man dem Geschichtlichen standhalte. Standhalte der Situation, in die uns die Geschichte stellt. Man kann ihr auch ausweichen, man kann ins Geborgene flüchten, in das Abseitige, Idyllische. Man kann wegsehen von dem, was ist, mit seinem Druck, seinen Härten und seinem Häßlichen. Politische Haltung bedeutet, daß man es sehe und auf sich nehme. Auf sich nehme die Folgen von dem, was geschehen ist; die Mitverantwortung für das, was das Volk getan hat. Daß man das gemeinsame Leid und das gemeinsame Schicksal mittrage. Du fühlst, wie tief das reicht! Wie es hineinreicht in die Weise, eine Zeitung zu lesen, ein Gespräch zu führen, die Folgen eines Wortes oder einer Tat auf sich zu nehmen: Ob man sich in die Reihe stellt oder eine Ausnahme für sich macht. Ob man sich in das Bittere und Beschämende eines Augenblicks hereinstellt, oder ob man sich davor drückt, und vieles andere derart noch.

In alledem wird politische Haltung oder wird nicht. Und danach, ob sie hier geworden ist oder nicht, ist sie nachher oder fehlt in der Zeitung, bei den Beratungen des Gemeindevorstandes, in den Wahlversammlungen, in der Parteileitung, im Parlament, bei den Behörden, bei Verhandlungen mit andern Völkern.

NACHWORT

Sehr verehrter Herr Professor,

seit die „Briefe über Selbstbildung" geschrieben wurden, sind rund fünfundzwanzig Jahre vergangen, und welche Jahre! In dieser Zeit hat sich so vieles gewandelt — in den äußeren Verhältnissen, wie auch in der Seele des Menschen —, daß ich Ihr Bedenken, sie jetzt neu herauskommen zu lassen, nur zu gut verstehe. Und doch sind diese Briefe, so scheint mir, in ihren Grundgedanken heute noch ebenso gültig, ebenso wichtig und — noch nötiger als vor fünfundzwanzig Jahren! Deshalb glaube ich es vertreten zu können, daß ich Ihnen auf Ihren Wunsch hin die „Briefe über Selbstbildung" in neuer Form vorlege. Es mußte hier und da ein Ausdruck, ein Satz, ein Beispiel erneuert oder weggelassen werden, die mir allzu zeitgebunden schienen. Mehr und Entscheidendes zu ändern, verbot die Dankbarkeit und Liebe zu diesen Briefen, die in jenen langen, wechselvollen Jahren vielen jungen Menschen geholfen haben.

Schweren Herzens und nach reiflichem Überlegen habe ich die Briefe auch als Ganzes aus ihrem zeitgeschichtlichen Rahmen gelöst. Ich glaube, daß es nicht ihr Sinn ist — wenigstens heute noch nicht — Zeugnis abzulegen für den Geist und die innere Entwicklung einer einzigen Generation deutscher Jugend. Darum mußte vor allem der Brief über die Gemeinschaft wegfallen, weil er so eng an das schöne, jedoch unwiederholbare Erlebnis der Jugendbewegung gebunden ist, daß er bereits „historischen“ Wert besitzt. Die „Briefe über Selbstbildung“ sind aber mehr als nur ein Dokument der Jahre, in denen sie geschrieben wurden. Sie können immer neu zu jungen Menschen sprechen und ihnen helfen, Mensch und Christ zu sein und zu werden. Gerade heute ist das wichtig, wo die Besten der Jugend einen Anfang suchen, den Ansatzpunkt zu einem besseren, menschlichen Leben. Vielleicht ist es darum ein Zeichen unserer Zeit, eines der hoffnungsvollen, die es ja auch gibt, daß die Briefe eben jetzt aus ihrer Heimat, dem Kreis um Quickborn und Burg Rothenfels, hinausgehen zu allen, die sich ihrer Art zu denken und zu leben anvertrauen wollen. Sie sprechen von den Grundlagen christlichen Lebens im Alltag junger Menschen, und damit auch von der Freiheit und Weite, von der menschen- und völkerumspannenden Kraft des christlichen Erbes und der christlichen Aufgabe. Vielleicht kann, wenn dieses Erbe verstanden, diese Aufgabe angenommen und ihre Kraft und Weite erfahren wird, eines Tages auch ein neuer Brief über die Gemeinschaft, über die Gemeinsamkeit junger Christen geschrieben werden!

Ingeborg Klimmer.

Angefochtene Zuversicht

Romano Guardini Lesebuch
Ausgewählt von Ingeborg Klimmer

2. Aufl. 264 S. Ln.

Es wird immer deutlicher, daß Romano Guardini zu den großen prophetischen und wegweisenden Gestalten dieses Jahrhunderts zählt. Sein 100. Geburtstag im Februar 1985 ist ein guter Anlaß, sein weit verstreutes Werk in einem „Lesebuch" überschaubar zu machen.

Das Buch zeigt erstmalig, wie umfassend das Schaffen dieses Denkers und Erziehers ist. Es enthält wichtige Texte von 1918 bis 1968, die eine unerhörte Lebendigkeit behalten haben und wirklich zukunftsweisend sind. Die Gliederung des Lesebuchs vermittelt bereits etwas von diesem Reichtum:

- Einheit in der Vielfalt
- Das gläubige Selbst und die Welt
- Nur wer Gott kennt, kennt den Menschen
- Das Zentrum der menschlichen Existenz
- Die Liturgie
- Jesus Christus, Heilbringer und Epiphanie Gottes
- Kirche als Weg in die Freiheit
- Die Aufgabe der Bilder
- Interpretation
- Epilog

Weitere Werke von Romano Guardini

Von heiligen Zeichen

184.–187. Tsd. · 68 S. Kt.

Guardinis Buch versteht sich als „eine Anweisung, eine Anregung wenigstens zu lebendigem Schauen und Vollziehen ‚heiliger Zeichen'". Das Faszinierende ist, daß es dies tatsächlich zu sein vermag. Den Leser, der sich auf ganzheitliches– das heißt: Denken und Empfinden umfassendes – Erleben der „heiligen Zeichen" einzulassen bereit und fähig ist, vermag es in seinen Bann, besser: in den Bann dessen, wovon es schreibt und erzählt, zu ziehen. „Heilige Zeichen" sind für Guardini Gegenstände und Handlungsvollzüge, die im Kontext des gottesdienstlichen Raumes und Geschehens Hinweiszeichen und darüber hinaus Verkörperungen, Realisationen der Wirklichkeit Gottes und ihrer konkret erfahrbaren Präsenz zu sein vermögen. Wege zum Menschen

Der Kreuzweg unseres Herrn und Heilandes

355.–356. Tsd. · 70 S. Kt.

Dieser berühmte, in vielen hunderttausend Exemplaren verbreitete „Kreuzweg" bleibt in seiner betrachtenden Aussage gültig. Er hilft, das tägliche Leid leichter zu tragen. Das Zeichen

Die Technik und der Mensch

Briefe vom Comer See. Mit einem Vorwort v. Walter Dirks
Topos Taschenbuch 108 · 96 S. Kt.

In seinen hier wiedergegebenen neun Briefen aus den Jahren vor 1925 warnt Guardini in visionärer Sicht vor der Macht der Technik über Mensch und Natur und deren verhängnisvollen Folgen, die heute erschreckend nahe von einer immer breiter werdenden Bevölkerungsschicht erkannt werden.

Deutsche Tagespost

Der Heilbringer in Mythos, Offenbarung und Politik

Eine theologisch-politische Besinnung
Topos Taschenbuch 84 · 84 S. Kt.

In jüngster Zeit hat sich für Millionen Menschen in Deutschland und in der ganzen Welt erneut die Frage gestellt: Wie waren Hitler und die Massenvernichtung der Juden in Deutschland möglich? Guardini versucht den religiösen Kern dieser verhängnisvollen Entwicklung freizulegen. Er zeigt, wie Menschen, die die Erfüllung ihrer Sehnsucht nach Heil nicht mehr in Jesus Christus fanden, dem Verkünder des Blut- und Rasse-Mythos blind folgen konnten.

Kontinente

Vom lebendigen Gott

Topos Taschenbuch 104 · 84 S. Kt.

Hinführen zum lebendigen Gott – das wollen die hier veröffentlichten Ansprachen Guardinis. Gott wird nicht als abstrakte Idee, sondern als lebendige Person erfahrbar. Der Leser spürt: Hier spricht ein Glaubender über Grundlagen christlicher Existenz.

Beten im Gottesdienst der Gemeinde

Zur Besinnung und Mitfeier
Topos Taschenbuch 114 · 108 S. Kt.

Guardinis Wort hat nichts von seiner Leuchtkraft verloren. Seine Hinführungen zu Wesenselementen der Eucharistiefeier und ihres Rahmens geben gerade der durch das Konzil erneuerten Meßfeier zusätzlichen Glanz. Das neue Buch / Buchprofile

Das Gebet des Herrn

Topos Taschenbuch 75 · 12. Aufl. · 96 S. Kt.

Dieses Buch gehört zu den bekanntesten Schriften Guardinis und ist auch heute noch ein Betrachtungsbuch für alle, die tiefer in das „Gebet des Herrn" eindringen wollen. Eine innere Nähe zur Hl. Schrift, ein lebendiger Glaube und eine große Hellsichtigkeit für die Nöte und Erfordernisse der Zeit zeichnen diese Betrachtungen aus.

Theologisch-praktische Quartalschrift

Geistliche Schriftauslegung

Mit einem Nachwort von Heinrich Kahlefeld
Topos Taschenbuch 98 · 100 S. Kt.

Es will etwas heißen, wenn Texte, die vor 40 Jahren geschrieben wurden, neu aufgelegt werden. Was ist unterdessen im Bereich Bibelverständnis und -auslegung alles gegangen. Guardini hat vieles „überlebt". Seine Meditationen, die behutsam an das Wort der Offenbarung heranführen, sind noch heute unübertroffen. Treffpunkt